$10⁰⁰

Withdrawn from Collection

D0885190

微博改变一切

李开复 著

微博改变了我的生活，
也将改变你的未来
李开复

上海财经大学出版社

图书在版编目（CIP）数据

微博：改变一切／李开复著 . 一上海：上海财经大学
出版社，2011. 2
ISBN 978-7-5642-0502-7／F. 0502

Ⅰ . ①微… Ⅱ . ①李… Ⅲ . ①互联网络—传播学—研究
Ⅳ . ①G206②TP393. 4

中国版本图书馆 CIP 数据核字（2010）第 261947 号

□ 责任编辑　温　涌　朱世祥
□ 特约监制　刘杰辉　叶光森
□ 特约策划　王泽阳
□ 特约编辑　韩　宇
□ 版式设计　刘弘毅
□ 封面设计　水玉银文化

微博：改变一切
李开复　著

上海财经大学出版社出版发行
（上海市武东路 321 号乙　邮编 200434）
网　　址：http://www. sufep. com
电子邮箱：webmaster@ sufep. com
全国新华书店经销
北京盛通印刷股份有限公司
2011 年 2 月第 1 版　2011 年 2 月第 1 次印刷

787mm×1092mm　1/16　12 印张　172 千字
定价：28. 00 元

致 谢

写微博的书不容易：以微博的发展速度，如果动作不够快，书出版时就已过时！感谢朋友们：@沈浩波 @老沉 @曹增辉 @何兴中 @Thirty @Chenggang @Liguoxun @王肇辉 @陶宁 ；还有幕后英雄W和Z，他们的文字比代码更精彩；@蔡文胜 @冷笑话精选 私信我"如何写好微博"的建议也为本书增色不少！微博上见！

MICRO-BLOG :
Changing the World
微博：改变一切

目录contents

MICRO-BLOG:
Changing the World 微博：改变一切

引言——相爱在微博

说起求婚，大家一定知道单膝跪地、手捧钻戒的经典方式，也一定听说过9 999朵玫瑰的求婚，甚至见识过跳伞求婚、潜水求婚、电影求婚、登山求婚等各式各样的新奇招数。但大家可知道，微博上的求婚又是怎样的一桩浪漫故事吗？

"啊？微博？什么是微博？"

怎么，你还不知道微博？你还没用过微博？你 out 啦。

什么是微博？

微博就是每次发布都不超过 140 个字的微型博客，是表达自己，传播思想，吸引关注，与人交流的最快、最方便的网络传播平台。

"那……难道微博不就是个虚拟世界里的沟通工具吗？除了多说几遍'我爱你'、'嫁给我吧'以外，微博这玩意儿，还真能用来求婚吗？"

能呀，当然能了！而且，还是我亲身经历的真实故事！

故事的主角，女生叫权静，男生叫李琪缘，非常巧我都认识。女生是我在媒体界认识的朋友，男生曾在创业过程中得到过我的指点和帮助。当然，最浪漫的地方在于，男生和女生是完全通过微博相识、相恋，一直到求婚并步入婚姻殿堂的。

一年前，男生在互联网大会上见到了作为主持人出现的女生，其实他已经在微博上默默关注这个女孩很久了。第一次见面，他决定不放弃这个机会，不过不肯媚俗的他选择了另外一种方式让女孩认识自己——通过微博向现场的嘉宾提出了一个问题，这个问题很快被主持人注意到了，并现场问了出来。这使女孩增加了对微博中这个男孩子的好感。

接下来的故事和所有人憧憬的一样幸福和浪漫：男女主角在微博上一见如故，从加关注开始，到发评论，成粉丝，再到互发私信，互诉衷情。相识、相知、相恋的全过程居然都没有离开微博的帮助。经过将近一年的感情孕育，2010 年的 8 月 28 日，男主角在微博上对女主角大声说（其中"@ 权静"是微博中的常用记号，表示对昵称为"权静"的人说）：

琪缘：❤求婚啦请转发❤一年前在微博上认识了她，从加关注、发评论、成粉丝和发私信，从相遇、相识、相知和相恋，因为她我感到幸运和幸福，她就是 @ 权静，我想大声在围脖上对 @ 权静说：我爱你，嫁给我吧！希望我能和你一起实现我们的梦想：建一个幸福的家庭，做一件伟大的事情！

这条微博里，还附了一张男女主角在一起的温馨照片：

看到如此炽烈的求婚誓言，女主角权静用微博回复男生并出了一个题目：

权静：好吧，既然是通过微博认识的，那求婚也得有点门槛吧——如果，能有 10 000 个人帮你转发，我就嫁给你！

10 000 个人的转发？这看起来不是一个简单的任务。权静和李琪缘的粉丝们在第一时间注意到了这浪漫、新奇的求婚方式，祝福的话语纷至沓来，转发的人数越来越多。我也在看到这条求婚微博的第一时间做了转发。真情无价，求婚微博感动了微博世界里千千万万的人。君子成人之美，不到 8 个小时，转

发数量就突破了 1 万，回复的祝福话语也数以万计。最终有 3 万多博友帮他们转发，见证了他们的幸福。

结果呢？大家一定都猜得到：有情人终成眷属。权静和李琪缘的婚礼在金秋 9 月隆重举行，我也荣幸地成为了他们的证婚人。

在婚礼现场，我问他们你愿意嫁给他 / 娶她吗？他们分别用手机发微博说：

 权静：我愿意！

 琪缘：我愿意！

我用手机发微博祝贺他们喜结良缘：

 李开复：恭喜琪缘，权静微博婚礼。祝福他们"年年有新浪，天大都乐啊！"

因为当时女生在新浪工作，男生在乐啊工作，所以我专门在微博中嵌了这两家公司的名字。婚礼上，他们的爱犬"肥大多"（连"肥大多"都在微博开有账户呢，大家可以到新浪微博搜索并关注它）还为他们送上了婚戒。下面这张照片是我与两位新人在婚礼现场的合影：

微博可以给相爱的人带来幸福，微博也可以给千千万万的人带来不一样的网络生活。作为最前卫、最热门的网络传播平台，微博正以它炫目的光芒照耀着这个世界的每一个角落。无论是作为网友还是普通人，我们都有必要了解微博，也都有可能爱上微博。

微博是虚拟世界里的沟通工具吗?
是，也不是。微博是一个虚拟的传播平台，但也是你现实生活的一部分。在这里，不仅有你想要的知识、信息、乐趣乃至感情，最重要的，微博还是千千万万个相互关注、充满爱心的微博人之间最直接也最真诚的互动。

大家面前的这本书，就是通过我自己开设微博，运用微博传播思想、结识朋友、与网友交流的亲身经历，给大家讲讲有关微博的逸闻趣事，分享我写微博的心得体验，梳理一下微博的由来和发展脉络，展望一下微博的未来。这本书里引用了许多微博的例子，其中的绝大部分来自我自己的微博，或者我自己在微博上亲历的故事。

非常希望这本书能帮助大家更好地理解微博，或者，让那些对微博还不熟悉的人了解和喜欢微博。当然，欢迎大家随时访问和关注我的微博，在我的微博上，大家可以找到关于本书以及关于如何写好微博的更多内容。我的微博网址是：

http://t.sina.com.cn/kaifulee

http://t.qq.com/kaifulee

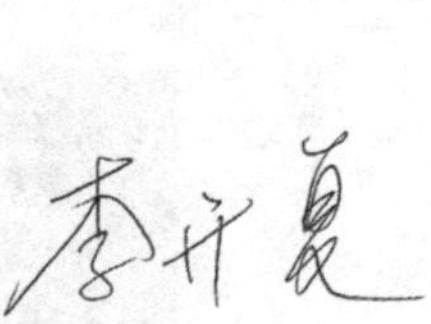

2011年1月，北京

MICRO-BLOG:
Changing the World 微博: 改变一切

第一章 **CHAPTER ONE**

我与微博的故事

我的微博之路

截至2010年12月27日，我在新浪微博上的粉丝总数是2 753 797，在总的人气榜排名第12。我在腾讯微博上的粉丝（腾讯微博把粉丝称为"听众"）总数是7 807 268，在总的人气榜排名第2。在流行于海外网民中的"微博原型"Twitter上，我的粉丝（即Twitter上的"Follower"——跟随者）数量也达到了860 156。

说来好笑，作为一个在短短时间内获得数百万粉丝关注的人，我最早开始使用微博，竟然起因于他人对我的冒名顶替。这个"真假李逵"的故事，还要从2009年Twitter在国内用户中的流行开始说起。

Twitter 是什么？

Twitter 通常被译作推特，是最早创建每条 140 个字的微博规则并使之深入人心的网站，创建于美国。自 2006 年 7 月正式对外发布以来，Twitter 上的活跃用户数量以指数级速度飞快增长。2010 年年底，Twitter 全球用户总数接近两亿，造就了社交 / 微博类网站高速发展的传奇。

Twitter上的"真假李逵"

2009年4月，当时我还在谷歌中国工作，很多朋友向我提起，有一个名为@kaifulee的Twitter账户，宣称自己是谷歌中国总裁李开复，并以我的口吻，频繁发布有关谷歌中国的消息。

这个假的@kaifulee工作非常努力，几乎每天都发布多条信息。其中，绝大多数信息都来自官方媒体中有关谷歌和我的新闻，这些信息在这个假账户上发布时，都被煞费苦心地改编成模仿我的口气。这样的更新很是迷惑了一部分人，他的粉丝数量也的确与日俱增。

2009年6月，在一次谷歌中国举办的产品发布会上，有许多媒体记者到场。发布会进行过程中，谷歌员工发现，Twitter上的这个@kaifulee的账号在更新有关发布会的内容，而且，还发布了一张在发布会现场用手机拍到的照片。原来，这个假李逵就在发布会现场。那，这个冒名账号的维护者，很有可能就是与会的某个媒体工作人员。经过内部讨论，我们觉得，他应该是出于善意，而且是个挺可爱的谷歌粉丝，就决定不追究了。

没想到，随后不久，这个山寨版@kaifulee在Twitter上以谷歌发言人的身份，对当时谷歌国际网络服务连接不稳定的问题作出了回应：

 Kaifulee：现已接到你们的反馈，正在调查之中。请静待谷歌境外消息，谢谢支持了。

这段回应居然被许多媒体竞相引用，连路透社也引用了他的原文。显然，假李逵这一次弄假成真，不管是有意还是无意，都在媒体上过了把真李逵的瘾。

我和谷歌同事都意识到了问题的严重性。如果这个假账号继续在Twitter上活跃下去，那他一定会在媒体中引起误解，并会有意无意地传播有关谷歌和我的不实信息，这势必对谷歌中国和我造成一定的影响。

我想，既然Twitter在中文用户里的流行程度已经到了有人不惜以冒名顶替的方式吸引大家关注的地步，我自己是不是也应该考虑，接受微博这样一个正在悄然兴起的新鲜事物，在Twitter等微博平台上开设并撰写真正属于我自己的微博，以此来扩大影响力呢？我决定，先让这个Twitter账户物归原主，然后再利用它向全球推友（"推友"是Twitter用户相互间的昵称）发布我自己的声音。

该如何要回这个名为@kaifulee的账户呢？我们想到了Twitter提供的身份认证机制。

什么是微博身份认证？

身份认证就是微博主（可以是个人或企业）向微博服务商（如 Twitter、新浪、腾讯等）提供可以证明自己真实身份的资料（如公司证明、营业执照、身份证等），经微博服务商审核后，在微博上显示已认证标志的过程。社会名人、演艺明星、知名企业、企业高管等，都可以通过身份认证，来增加自己的微博在粉丝群体中的可信性，提高微博传播的影响力。

认证后，新浪微博会在微博主名字后加上 V 形标记 **V**，腾讯微博则会在微博主名字后加上对号标记 ✅。

在向Twitter官方发函声明该账户是冒名顶替，并按照Twitter要求的程序进行身份认证之后，2009年6月26日，我终于要回了@kaifulee的Twitter账户，删去了该账户此前发布的所有内容，并以经过验证的真实李开复的身份，用英文在Twitter上发布了我的第一条微博：

Kaifulee：在 Twitter 上创建我的新账号。（Creating my new account on twitter.）

紧接着，我又半开玩笑半严肃地用英文对曾经的那个假李逵说：

Kaifulee：亲爱的山寨版李开复，你假扮了我三个月，期间还算老实。但考虑到路透社报道的影响力，我必须要回我的名字。（Dear imposter Kaifulee: U pretended to be me for 3 months. You've been reasonable, but with the Reuter's coverage, had to get my name back.）

自此，我正式开始了我的微博之路。

在Twitter上，我交替使用英文和中文发布信息，我的粉丝数量也开始迅速增长。2009年7月初，当我因病不得不住院治疗的时候，大量粉丝通过Twitter发来了关心的问候。当然，也有一些人怀着"八卦"的心理，想知道我的病情。我用中文回复他们说：

Kaifulee：@guao 不敢当，我的病比感冒严重些，但是比乔不死差多了。既然你喜欢八卦：我这两个星期都是躺着用电脑。我的可爱的同事定做了一个架子，让我能 180 度用电脑，开视频会议。现在都不想坐起来办公了。

我还给大家分享了这个可爱架子的照片，见右图。

后来很多人看到照片，说这个架子很酷。甚至还有个机构，愿意等我康复后，做一次创意比赛，经过Twitter推广，把这个架子送给胜出者。我挺喜欢这个主意，因为这么大一个架子很占地方，病好了之后又用不上它。最后，这个架子真的送给了获胜者。

这样的微博互动带着很浓的个人色彩，不像通常的新闻发布那么正式、刻板，明显有助于我更好地与外界交流。我慢慢开始喜欢上了这种快速、自然的沟通方式。在看到网友说"喜欢推特的基本都喜欢谷歌"时，我回复他说：

Kaifulee：@chooyes 喜欢推特的基本都喜欢谷歌 // 那我更要常来，增加更多喜欢 Twitter 的人了。

可能是Twitter官方也需要借助名人来增加影响力吧，我经过认证后的账户很快被Twitter官方作为谷歌全球高管的账户进行推广。这样一来，我在Twitter上的粉丝数量增长得更快了，短短一个多月就有几十万人开始听我在Twitter上聊我的女儿，聊谷歌发布了哪些新产品，聊我在世界各地吃到的美食，聊我新出版的自传……

在国内开微博

2009年8月，新浪微博开始内测。因为已经在Twitter上体验到了微博的神奇，新浪微博也力邀我加入，我就在第一时间开通了我的新浪微博。8月27日，我的第一条新浪微博的内容是：

李开复：祝贺新浪微博客上线

这条微博的前几个回复非常有趣：

沙发

板凳

地板

是活的李老师吗？

　　看到刚开始使用新浪微博的网友们迫不及待地把博客回复的那一套"江湖切口"，比如"沙发"、"板凳"、"地板"等直接套用到微博回复里，我预感到，微博这个新生事物，也许会比传统的BBS和博客更火，因为微博更能满足广大草根网民自我表达的需求。看到有网友天真地发问"是活的李老师吗"，我隐约觉得，国内门户网站开设微博服务，这不但会给广大网民提供一个比博客更快、更方便的交流场所，也会为我自己提供一个比Twitter更贴近国内网民，更容易和中国千百万聪明、好学并渴望成功的年轻人近距离沟通的大平台。从此，我使用微博的主阵地，慢慢从Twitter转移到了国内的新浪微博和后来开通的腾讯微博。

　　说来有趣，就像Twitter上曾经的那个山寨@kaifulee被推友质疑过一样，开设新浪微博后不久，我这个真李逵居然也被网友质疑身份的真假。我不得不发微博表明身份：

李开复：怎么这么多人不相信是我。我这个是新浪验证的。你在Twitter 上也可以找到我 (@kaifulee)，也是 Twitter 验证的，两边发言尽量同步。我的 Twitter 账号是因为路透社开始引用一个山寨李开复，不得不拿回来的，还有报道呢。不可能同一个山寨得到Twitter+Sina 的验证吧。

　　当然，也有人怀疑我是请人代写的微博。对于这一点，我一样要发言澄清：

李开复：还有人觉得可能是我请了枪手写的微博客，这更是不可能的。既然已经是验证后的我，怎么可能放心交给别人去乱说的。而且，我都是符合微博客习惯，谈的都是实时发生的事情，尽量挑些大家有兴趣的。我关注微博客是因为这是一个新媒体、新互联网的重要产品，我必须亲身理解。别再怀疑啦！

很快，因为我发的每条微博都的确出自我的亲手撰写，带了我的真情实感，大家逐渐知道，这样的微博，伪造是伪造不来的，质疑声才慢慢平息了下去。无独有偶，在我的身份已经确实无疑的情况下，山寨李开复的问题又一次发生在新浪微博上。很多人在自己的昵称中嵌入"李开复"或"创新工场"的字眼以吸引眼球。例如，一个昵称带了"李开复"字样的"李鬼"，每天都十分勤快地手工把我的每条微博复制到他的微博上，还真的吸引了不少不明真相的粉丝关注。这个"李鬼"在复制我的微博的同时，再隔三差五地插几条广告推广类的内容，其实就是在利用我的名头做灰色营销，甚至发私信给我的朋友，真是让人哭笑不得。当然，"真假李逵"的故事一再发生，也从一个侧面说明了微博的巨大号召力。

从微博新手到拥有千万粉丝

现在回想起来，我从2009年开始使用微博，到今天拥有千万粉丝，是一个慢慢熟悉、慢慢总结规律并逐渐得心应手的过程。一开始，我根据自己使用Twitter的经验，仿照许多Twitter名人的例子，在微博上主要记录我自己生活中新鲜或者感人的事情，主要写"我在做什么"。比如，刚开设新浪微博的时候，正赶上我送女儿到美国去读大学，我就发了一系列陪女儿在美国吃好吃的、挑选手机、为大学生活做准备之类的微博：

李开复：下了飞机，小女儿就吵着要吃 International House of Pancakes。这是种很普遍的美国早餐，是一种面饼，但是里面加了很多蛋，煎得比较厚，上面可以放糖浆和水果。在美国到处都是，不知为什么还没有进入中国。下飞机已经晚上了，所以吃了 pancake 晚餐……

李开复：给女儿定了 AT&T 的手机，真贵，大学新生打了八折，还要接近 100 美元一个月，不过可以随便用 Internet，还有 GPS。最后女儿选了 Blackberry Pearl，而不是 iPhone 或者 Android。Pearl 设计得很漂亮，充分考虑到了对不少女孩子来说，时尚比功能更重要。

 李开复：其实没有那么闲情逸致，整天在纽约吃喝玩乐也是有意义的。我太太不放心我女儿一个人在纽约，所以要我介绍所有我住在纽约的朋友给她，所以就一天两餐地介绍下去，吃下去……现在已经有四个朋友请女儿感恩节去他们家（这是美国的重要家庭聚会）。看来女儿不会太孤单了。

我的微博粉丝很喜欢在微博上读这些富有家庭温情的故事，也很喜欢知道我日常做了什么，看见了哪些逸闻趣事。但我很快发现，粉丝们的兴趣远远不止于此。很多人更愿意知道，我对某个新闻事件的看法，我对产业发展趋势的判断，我对青年人学习、工作、创业的指导意见，我对如何学好知识乃至如何写好微博的建议等等，这些内容大致可以归类为"我在想什么"。与"我在做什么"相比，"我在想什么"对其他人更有帮助，也更有影响力。

于是，我开始有意增加微博中分析、评论的比例，除了讲有趣的故事以外，也更多地把我是如何想、如何分析的告诉别人。例如，针对2010年团购网站的火热，我在微博上发布了以下分析：

 李开复：从团购看中美互联网的不同：1）中国抄袭速度太快，美国可以一家独大，中国一下就 1000+ 家；2）美国巨鳄较专注，中国巨鳄以量迅速占地盘；3）美国较重视用户体验，中国投诉较多；4）美国平衡商家利益，中国以量为王；5）美国很多稀奇古怪 deals，中国大都是餐饮；6）中国竞争恶劣，但可能产生新模式创新。

关于Android手机操作系统的成功，我在微博上发布过下面这样的观点：

李开复：Android 的成功来自：1）战略眼光：发掘 Windows Mobile 的弱点（昂贵和不开源），理解欧美产业链中运营商的重要角色和对苹果的严重不满（昂贵和抢走客户关系），看到手机商的无奈（自己做或用微软）；2）基于战略分析，提供开源、免费、分成给运营商和手机商；3）很棒的技术和迅速的更新。

　　类似这样的，有"真材实料"的原创分析、论断，可以在微博上很快获得几千条转发和评论。此外，我在转载别人的有价值的微博时，也经常会加上自己的点评。这样一来，我的微博对粉丝们的作用就越来越大，转发和评论数量也越来越多。

　　从谷歌离职后，我日渐意识到微博这个平台的神奇，它不仅可以让我更容易地处理自己与媒体、公众的沟通（比如在离开谷歌前后，谷歌宣布停止内容审查和过滤前后，我利用微博澄清不实的报道和言论），而且可以用超乎寻常的传播速度，帮助我把自己想要表达的思想、观点迅速传递给千千万万的网友。我注意到，微博排行榜上的许多著名微博主拥有数百、数千万的粉丝，他们都非常认真地保持微博更新的频率，并使用各种技巧扩大影响力。比如，互联网投资人蔡文胜的新浪微博在粉丝中非常火热。蔡文胜在很短时间内，从零发展到百万粉丝大军，除了虚心研究名家微博、探索最佳发微博时间、学习如何写好140个字以外，还使用了不少传统市场推广的方法，比如通过在微博上开展投票、抽奖等网友互动活动来提高关注程度等。

　　与蔡文胜的交流让我坚定了使用微博作为传播平台，进一步扩大影响力的决心。从那时起，我觉得，微博真正成为我生活中的一部分了。每天工作之余，如果不更新几条微博，我总会觉得，今天是不是还有哪项工作没有做完？

　　为了在微博上更好地展示和发布自我，影响更多的粉丝，我花了很多时间研究、分析微博写作以及吸引粉丝关注的技巧。例如，如何在140个字的开头就引人注目，如何为微博配上有趣的图片，如何转发、如何回复、如何把握最好的发微博时间等等。这些学习和积累，都为我写好微博、用好微博打下了坚实的基础。在本书后面的章节里，大家将会看到我关于如何写好微博、如何吸引关注的技巧总结与经验的分享。

　　2010年11月16日，我应邀参加新浪举办的中国首届微博开发者大会，并在会上做了主题发言。大会的气氛非常热烈，听众有1000多人，会议入场券一票难求。许多业界专家都到会做了精彩的发言。这次大会让我对微博在中国的发展有了一个更加立体、更加全面也更加深入的思考。通过与参会专家、开发者的交流，我发现关注微博现象的人越来越多，参与微博相关应用开发的研发者数量也飞速增长。微博也已经从小众、高端用户或重度互联网使用者的发布和交流工具，逐渐演变成深入人们日常工作与生活的一种社会现象，在相当大的程度上，影响着人们对信息发布与传播的认识。

如果说，今天的微博已经显示了它扎根于网民、服务于网民的巨大影响力，那么，谁又能设想未来的微博会是怎样一种繁荣景象呢？现在，我的工作和生活已经离不开微博了，相信在未来的一年里，大家会在微博上看到一个更加活跃、更加真实的李开复。

我的微博故事

回过头翻看我过去一年多来的微博，真的感觉就像翻看自己的日记一样，过往的情感和故事、熟悉的朋友与同事，一切都有如电影重现一般历历在目。挑几段感人或者有趣的事情跟大家分享一下吧。

从谷歌离职前后

从谷歌离开并创办创新工场，是我一生中最重要的决定之一。巧合的是，2009年9月我离开谷歌的时候，也正是我刚刚开始在Twitter和新浪微博上与几十万粉丝交流的时候。在这样一个人生最重要的时刻里，微博作为一个新的信息发布渠道，和我的博客一起，有效承担起了向公众公开信息、澄清不实谣言的职责。

正如我在《再见，谷歌》一文中所说的那样，在离别之际，"所有的快乐、成就以及曾经面对的困难与挫折，所有的这一切如同一部电影在我的脑海里不断地闪过"。我热爱谷歌这样一家伟大的公司，我难以忘记谷歌中国那些曾经和我一同奋斗和快乐的同事们，但我又必须对我内心的梦想负责。如果不能追寻我心中的梦想，开创一个帮助中国青年人创造互联网奇迹的创业平台，那我的人生必将留下一个永远的缺憾。

在离开谷歌这样一个艰难的决定作出后，我的心里一方面是对谷歌中国的眷恋，一方面是对自己即将开创的崭新事业的激动和憧憬。我需要用一个适当的方式，在适当的时候，向公众发出自己的声音，告诉公众发生了什么，为这个转变时期的我自己，为谷歌，也为即将创办的创新工场，营造一个最好的舆论氛围。于是，我在正式对外宣布离职的决定前，有意无意地增加了发布微博的数量。

终于，到了不得不对外宣布的时候。2009年9月4日上午，我通过微博向大家道别：

> 李开复：再见，谷歌。http://sinaurl.cn/h5kAy

微博引用了我发布在博客上的《再见，谷歌》一文的链接。通过"再见，谷歌"这样简单的四个字，向微博上的所有粉丝正式宣布了我的决定。同时，指向博客文章的链接，向公众解释了我离开谷歌的具体原因。这样一种直截了当的信息发布方式，既避免了无谓的谣言和误解，又有效减少了媒体采访的数量，的确是当时的情况下，最有效的一种信息传播方式。

当然，发布了离开谷歌的消息后，所有人都会问我一个同样的问题："你下一步具体会做什么？"在9月4日当天，因为一些细节还没有敲定，我没有办法立即向外界公布创新工场的整个计划。外界开始充满了谣传：李开复要搬去美国了！李开复要加入IdeaLab了！

这时，我所能做的，就是发布了下面三条尽量减少人们误解和猜疑的微博：

> 李开复：请大家不要乱猜测我要做什么，下星期宣布，不是卖关子，是有些细节还没有搞定，给我一点时间和耐心，保证是很酷的。谢谢大家的支持。

> 李开复：请不要乱说我加入 IdeaLab。我不加入任何公司，我会自己做一个青年创业平台。下星期会给大家更多信息。

李开复：我会留在北京。

这三条微博既打消了人们的猜疑，又从另一方面吊起了人们的胃口。因为我说"保证是很酷的"计划，而且是一个"青年创业平台"，但又没有透露任何计划细节。热情的粉丝在微博的留言中一面向我祝贺，一面对"很酷的"、"青年创业平台"表示了极大的好奇心。很多网友直接喊出：

关注！希望能对我们有帮助！天天在想着创业项目！有想法，没资金！痛苦！

粉丝们热情的回复一方面坚定了我追随自己梦想的决心，另一方面也督促着我尽快落实所有计划细节并尽早向公众发布。

随后的一两天里，媒体中出现了一些质疑的声音。有的媒体不负责任地猜测说，我的离职与此前谷歌遭遇的"低俗内容"危机有关，还有媒体对我创办青年创业平台的想法表示质疑。为了平息这些质疑的声音，我在9月6日再次通过微博发布博客文章：《对媒体几个误解的澄清》。

9月7日，一切顺利，终于可以向世界宣布我的新公司"创新工场"以及我们帮助、鼓励青年人创业，打造全新创业平台的宏伟计划了：

李开复：我的新公司"创新工场"：http://www.chuangxin.com

这是我通过微博发布的创新工场主页链接。与此同时，创新工场发布会的新闻稿，创新工场的运营模式和商业计划、创新工场的招聘需求等也纷纷通过微博来到了千千万万的网友面前。微博和博客、媒体采访、新闻发布会等各种传播形式配合，发布"创新工场成立"的媒体宣传攻势是空前成功的。一个最好的证明，就是我在微博上所说的：

李开复：第一天创新工场收到 7000 封简历！

　　我想，没有人能真正感受到我当时的激动心情！一个始终坚持追随内心的人，一个曾经和正在为中国青年付出大量心血与汗水的人，当他终于有一天，能够全身心地投入到帮助中国青年人创业、创新的伟大事业中来，当他看到寄托着自己梦想的创业平台顺利地走进公众的视线，那种感觉，也许只有向往自由的人第一次驾机飞越大洋，或者，志在征服的人第一次登上8000米以上的雪峰时，才能真切地感受得到。在创新工场这个新平台上，我又能像创建微软中国研究院和谷歌中国时那样，从无到有地打造一片天地。我当时差不多一天工作20个小时，朋友们都称我"铁人"——不是因为别的，只是因为我正为了我自己的激情而工作。这也是为什么当我与创新工场的标志合影时，能笑得那么开怀的原因。我在微博上发布了这张照片：

李开复：很多人说很久没有看我笑得这么开怀了。

　　离开谷歌，开始创新工场的创业历程，并不意味着我和谷歌完全没有了关系。2010年1月，当"谷歌总部决定停止对搜索内容进行自我审查和过滤"的消息传到国内的时候，媒体和公众为之震惊。许多媒体都在第一时间想到了我，猜测和谣言再一次甚嚣尘上。甚至有些不负责任的媒体说，李开复早就知道了谷歌有撤出中国内地市场的想法，才提前离开谷歌去开办创新工场的。

　　为了澄清这些毫无根据的臆测，我又一次借助了微博这个工具。当时的情形挺为难的，我已经离开了谷歌，不能代表谷歌对事情作出解释。另一方面，针对谣言的澄清又不可避免地需要涉及到谷歌公司。话说得太多或说得太少，对谷歌，对我，都可能有负面影响。我的电话也响个不停。但我已经跟媒体朋友说过，不再接受关于谷歌的任何采访。我意识到，在这种情况下，微博不但是最合适的，而且可能是唯一的工具。我可以在微博上用几句坦诚的心里话，澄清误解，扫除迷雾。

　　我在Twitter和新浪微博上用英文表明自己的态度，对那些说我是因为知道谷歌要退出中国才选择辞职的不实谣言加以澄清：

李开复：如果船长预先知道船会沉没，他绝对不会放弃自己的职责。（A captain would never run away from his duty, if he knew the ship was sinking.）

　　经过这样的澄清，大家不再随意猜测我和谷歌事件之间的关联了。

　　在离开谷歌，创办创新工场的前前后后，微博逐渐成为我和公众沟通的首选媒介。也正是在这段时间里，我意识到了微博在信息传播和扩大影响力方面的巨大价值，坚定了我写好微博、用好微博的念头。

2009年的那一场雪

　　除了传播思想，与公众交流，微博作为一个新媒体，似乎比所有传统媒体加起来，都更有现场感和参与感。Twitter在国外已经有过很多现场感十足的经典案例。比如某记者深入动荡地区并在Twitter上实况直播自己的亲身经历，比如某网友邂逅美女之后在Twitter上发动网民人肉搜索并成功约会。2009年的冬天，我居然也遇到了一次突发事件，并有幸成为一次相当规模的微博直播的亲历者兼男主播！

　　2009年11月1日7:00，我赶到首都国际机场乘坐北京飞往台北的航班。当天上午，一场纷纷扬扬的大雪一下子覆盖了整个北京城，但整个城市显然对这场大雪缺乏准备，机场方面也有些措手不及。当然，我在候机厅里，并没有意识到这场鹅毛大雪可能会演变成我遇到的最糟糕的航班延迟。从我当时发的第一条有关大雪的微博就可以看出，我对航班延迟的严重性并没有多少心理准备：

李开复：北京机场大雪，航班延迟 90 分钟。

显然，人算不如天算，90分钟的延迟只是所有归心似箭的人的美好愿望罢了。下午5:00左右，我和所有已经上了飞机的乘客一样，仍然在已经结冰的飞机上苦苦等待。我这时发出的微博可以明显看出我的焦虑：

李开复：国航航班已经延误 0 个小时，还在飞机上等……

然后，还是等待：

李开复：国航航班已经延误 10 个小时，从窗外看到翅膀上的冰雪都已经化得差不多了，还在等"除冰机器"。就算现在起飞，北京－台北花14 小时，已经可以去纽约了。

当时，我居然还有闲情逸致，计算从现在起飞算起来总共要多少个小时。当时，"除冰机器"成了飞机上的乘客们听得最多的一个新名词。明明看着飞机翅膀上的冰雪消融殆尽，广播里却还是坚持说，需要等除冰机器来清理飞机翅膀上的冰雪。真是没完没了的等待。

因为我的微博，新浪微博上已经有越来越多的粉丝开始关注旅客滞留机场的事件。可粉丝们也许不知道，我当时在飞机上，居然连是否能连续发出每条微博信息都心里没底呢。我当时带了笔记本电脑和手机，我开始时使用笔记本电脑和3G上网卡发微博，但一会儿就发现，笔记本电脑的电池有限，耗不了几个钟头。为了和长期延迟作最持久的斗争，我收起了笔记本电脑，开始用手机上网发微博：

李开复：以为带两块笔记本电池飞台北足够了，没想到等了 11 个小时。现在只有用手机发微博。飞机上怨声载道，有人饿得快晕了，我就当减肥。

哈哈，现在看我当时的话，"有人饿得快晕了，我就当减肥"，真有趣！有一种苦中作乐的感觉吧？越来越多的粉丝开始回复我的微博，关心我被困机场的"事件"，也在回复中给了我许多温暖的问候和安慰。

 李开复：等了 12 个半小时，已经缺食物 9 小时，缺水 3 小时，说无法补充，空气很差。原来抱怨的乘客都没力气了。

真的，乘客们连抱怨的力气都没有了。随着时间的流逝，我可以预感到，情形只能更加糟糕，我也会因此而成为北京气象史和交通史重大事件的一位亲历者，起码，我正在用微博记录和广播整个事件的全过程。

 李开复：在飞机上严重缺氧气，已经有一位乘客晕眩了，现在正在广播，紧急问乘客中有没有医生？

飞机上很多乘客都按捺不住激动的情绪，出现了一些骚动。我想起我认识的一位国航高管，就在飞机上打电话向他说明情况，也从他那里得到了一些有关此次空中交通瘫痪事件的最新说明。我立即把电话里得到的消息告诉机舱内的乘客，激动的乘客们安静了一些。

 李开复：很多人问我如何发微博？刚开始用 3G 笔记本，电池用完后就用 iPhone。飞机一直没有起飞，所以都可以用。

那个时候，其实连手机上的电池都没多少电了。我甚至把手机连接到笔记本电脑上，用笔记本电脑给手机补了一些电量。

很遗憾，直到凌晨，还是不能起飞。航空公司安排飞机上的乘客下飞机，回到候机室。当时的情况被我如实发布到了微博上：

李开复：真的又入境了，在冰冷的候机厅等行李。好多人直打哆嗦，有些够机灵的把飞机上的毯子带下来了。12小时没吃东西，有些人受不了了。

　　终于，在回家休息了几个小时后，我在11月2日上午7:00又来到了北京机场，没想到又是在飞机上干等了几个小时。最后飞机终于起飞时，所有乘客一片欢呼。到达台北，已经是11月2日下午3:00了。

　　这30多个小时的经历被我原原本本地发布在微博上。我的这些微博不但让粉丝们在第一时间了解了我亲历的新闻事件，也为我自己留下了一份珍贵的回忆。至少，我只要一翻微博，就可以看到我在这次经历里学到的东西，以及对此次事件的感悟和评论：

李开复：我昨天17小时的收获：1）学会用手机版微博；2）遇见一个很能干的清华创业者；3）遇见一个电池技术公司代表，提供入华建议（也许以后就不会电池用完了）；4）在群众情绪化的时候，打电话给国航高管，得知情况，安抚群众。

李开复：终于昨天下午3:00到达台北，完成了32小时的北京－台北之旅。乘客的感觉：1）国航的空服人员态度还是不错的，和大家一起受冻受饿，但是还是笑脸迎人，而且还想办法找水和食物；2）飞机场和航线的紧急应变能力欠缺，碰到场雪就瘫痪了；3）屡次宣布的消息透明度不够，让乘客一直在希望—失望边缘徘徊。

1 000万！我是对的

　　不仅可以在微博上当新闻主播，我还在微博上当过算命大师！只不过，不是用起卦相面的法子算别人的命途运程，而是直接预测行业市场动态！

　　一个著名的例子是苹果公司的iPad平板电脑。目睹过三里屯iPad抢购长龙的人们已经毫不怀疑iPad的巨大市场魅力——不，更准确地说，是市场魔力！但在iPad发布之前，又有多少人能想到，iPad会一下子在市场上取得巨大的成功呢？

下面这条微博，是我在苹果正式发布iPad前的一个月，即2009年12月发布的：

> 李开复：苹果 1 月即将推出新的 Apple Tablet，定价在 1000 美元以下。据说这个 Tablet 长得像个较大的 iPhone，有 10.1 英寸 multi-touch 屏幕，让人惊讶的用户界面、3D 图像、虚拟键盘、视频会议、电子书、上网本等功能。Steve Jobs 将在 1 月推出这个产品。最惊人的：苹果预估第一年产量接近 1000 万！

因为得到了相关信息，让我不但可以比较准确地描述iPad的功能特性（虽然还是有些错误），还可以准确地说出苹果预估的第一年产量。当时，这在外界看来是很不可思议的一件事。国内的媒体纷纷转载我的描述和预测，越来越多的人怀着好奇和将信将疑的心情看待我发布的消息。我的话最后居然被《纽约时报》引用，并进而成为更多媒体转载并提出质疑的对象。显然，大多数人不像我这么乐观，他们也不愿意相信苹果可以把第一年的产量定在1000万这样一个惊人的数字上。

很快，我的预言或者说"内幕消息"得到了证实，摩根斯坦利的分析师在2010年3月发表报告称，iPad在2010年的产量为800万到1000万之间，如果从2010年4月产品出货算起，到2011年4月，一年的产量将高于1000万台。后来，iPad在欧美市场以及亚太市场一次次掀起销售高潮，这个时候，就再也没有人质疑我当时在微博上给出的数字了。

10分钟微博援助

在微博上，我还成功地参与过一次横跨大洋两岸的紧急救援呢！其实，我跟当事人王冉只有一面之缘，不知道他出差到纽约做什么，也没有在第一时间看见他发的那条原始微博。我是在几分钟后看到朋友的转发，才知道王冉在大洋彼岸的纽约遇到了麻烦。

> **什么是微博的"转发"和"评论"？**
> 在微博上，"转发"就是把别人的微博作为引用对象，可以添加或者不添加自己的评语，当作自己的一条微博内容发布出来。"评论"则是直接在别人发布的微博上，回复自己的观点、意见。

2010年12月11日，王冉通过新浪微博发出求助信息：

 王冉：长话短说，总之我被留在了纽约。护照丢了，急需北京市公安局周一核实身份后把传真发回纽约领馆，他们才能补办证件。如果有哪位微博上的朋友正好认识负责这事的市局户籍处的工作人员，那我就连你带他们一起先谢了。我真的是我。晚上去看 Angelina Jolie 最新的电影，里面特工有好几本护照，把我羡慕的！

后来，根据王冉微博的回忆，事情的起因是这样的：

 王冉：事实上我上周五已经登了机（大陆航空 CO89），就在我整理随身携带行李的时候，放在扶手上的护照不小心掉进了座位下方的一个缝隙里。我马上向空乘寻求帮助（这是那天犯的最大错误），结果陆陆续续来了五六个人，把座位都放平了也没找到。但我没有护照他们不能起飞，为了不耽误同机其他乘客，我只好下机。

无奈中在纽约下了飞机的王冉，必须得到北京市公安局的身份核实传真，才能到纽约领馆补办证件，再顺利回到北京。

微博的力量是无穷的。王冉在微博上发布的求助信息在第一时间被许多热心粉丝转发。大概5分钟后，我就看到了徐小平转发的那条微博。

我知道，这种补发护照的事情，要涉及北京市公安局出入境管理总队和中国驻纽约领事馆这两个机构。恰好，我在创新工场的同事王肇辉和北京市出入境管理总队的人比较熟，而我又认识纽约领事馆的人。这样，我们两个正好能在最短的时间内，帮上王冉的忙。

我立即通过微博给王冉发出了私信，与他取得了联系：

 发送给王冉：看到了你的问题，我们认识出入境管理总队的人。我的同事王肇辉会帮你查，然后发短信给你。请你手机开着。开复什么是"私信"？

在微博上，发送给关注你的人的私密消息被称为"私信"，私信内容只有发送者和接收者可见，对其他人保密。

　　在王冉发微博10分钟后，我和王肇辉就通了几个电话，用最快的速度帮王冉咨询解决好了各种手续问题。他只需要在纽约安心等待补办的回国证件就行了。三天后，王冉在纽约拿到了补办好的证件。他发微博感谢所有帮助过他的网友：

王冉：刚刚拿到补办的回国证件。感谢所有在这件事上帮助了我的朋友们还有众多热心的博友，特别要感谢北京市公安局出入境管理机构和纽约领馆有关人员的高效服务。谢谢你们了。虽然刚刚过去的这个周末我更愿意在北京过，但和其他诸多的可能性相比，多在纽约待一个周末还是挺不错的。@ 平安北京

　　一次次类似王冉求助的事情在微博这个快速发布与沟通的平台上上演。从这个意义上说，微博早已脱离了个人化发布与交流工具的范畴，成为了我们这个社会不可或缺的一种黏合剂，正在把虚拟和现实、个人和群体、空间和时间，用微博独有的小巧、灵便的方式串联起来。没有任何一种曾经的媒体形式，能像微博这样，只消140个字，就能深入人心，深入到我们生活的方方面面。

MICRO-BLOG :
Changing the World 微博：改变一切

第二章 CHAPTER TWO
我看微博现象

从Twitter到微博：新媒体是这样炼成的

如果回到2000年前后，随便到中关村街头拉住一个技术人员问他："我怎样才能在网上发出自己的声音？"他一定会回答说："建一个个人网站，但这需要钱和时间，还需要懂技术。"是的，仅仅是10年之前，即便是技术人员想在网上发出自己的声音，也得逾越一定的技术和经济门槛，更何况普通老百姓了。

可今天呢？我们不仅拥有论坛、博客、社交网络等很容易发出自己声音的地方，我们还拥有了神奇的微博！这周，我参加朋友聚会的时候，惊讶地发现，参加聚会的所有人都拿着手机拍照，把聚会中的新鲜事儿通过微博共享给自己的朋友和粉丝。朋友见面，互相索要的已经不是最新的名片，而是各自的微博网址。以前，很多老朋友跟我说，上网的第一件事就是打开门户网站。可今天，有不少朋友都表示，他们几乎不再上门户网站的首页了，他们上网的第一件事，是打开自己的微博首页！

无疑，今天的互联网，已经和10年前那个近乎静态的互联网有了天壤之别！最重要的是，10年前，互联网上的主角是网页和信息，今天，互联网上的主角是一个又一个活生生的人！在网络中生活，在网络上社交，在网络上展示自己、影响他人，这已经成了新一代网民对网络生存方式的共识。从新浪博客到开心网，从天涯论坛到人人网，一个又一个信息发布和社交网络平台先后登场。但真正把社交网络与信息发布平台这样的概念推向极致的，非微博莫属！看一看新浪微博、腾讯微博的名人榜上，动辄以数百万计的粉丝数量吧，看一看以微博为媒介的各种热点事件吧，无论怎样夸张的形容都不过分，微博已经成为了全球最具活力的社会化新媒体！

在感受微博现象的火热之前，我们还是先来简单回顾一下微博的历史，看一看，微博这个充满神奇色彩的事物，是怎样从无到有，悄然来到我们身边的。

"推神"的奇思妙想

说起微博的历史，就不能不说Twitter。是Twitter最早发明了微博的核心概念，最早制定了140个字的通信规则。无论后续的微博服务如何创新，提供何种丰富的功能，微博作为社会化传播和社交通信工具的地位都是由Twitter建立的。

推特的神奇离不开几个传奇人物。他们都是Twitter公司的联合创始人。其中，一个叫伊万·威廉姆斯（Evan Williams，Twitter账号@ev），另一个叫杰克·多尔西（Jack Dorsey，Twitter账号@jack）。简单地说，伊万和另一位联合创始人比孜·斯通（Biz Stone）一起创建了Twitter的研发和运营团队，而被网友们尊称为"推神"的杰克，则是微博概念的直接缔造者。

Twitter 的三位创始人：伊万·威廉姆斯、比孜·斯通和"推神"杰克·多尔西

在互联网的发展史上，有很多创业英雄都有过先被大公司收购，然后再从大公司离职进行二次创业并获得成功的经历。伊万就是其中最著名的一位。

2003年，中国国内的博客服务方兴未艾。当时也许很少有人知道，"博客"这个概念其实正是伊万发明的。这年2月，伊万把他一手创建的"博客网（blogger.com）"卖给了谷歌。这一交易成为了当年颇具轰动效应的互联网收购。

2004年，伊万带着他从谷歌学到的最重要的东西——先把产品做好，让用户满意，然后再考虑赚钱的事情——离开了谷歌，并与比孜·斯通一起创办了名为Odeo的新公司。当然，Odeo最初想做的事情跟博客或微博相去甚远。一切改变都源于"推神"杰克的一个多年以前的酷点子。

事实上，杰克早在2000年就已经有了一个关于实时发布信息、快速写作并与朋友互动的新想法。当时，手机上的短信是人们的主要沟通工具之一。杰克认为，互联网上也应该有一个类似的工具，不，不只是类似，还应该更强大。短信的快速便捷是一个可以借鉴的地方，但短信局限于少数人之间的私密通信，还不具备社会化的特征，也不是一个信息发布平台。如果短信和博客结合起来，会出现怎样一种应用模式呢？

杰克把自己的想法画在了一张再普通不过的速记纸上。也许连他自己都无法估量，这个想法蕴藏着多么伟大和具有革命性的构思。直到6年以后，当伊万以及Odeo公司的员工们发现公司的运营步履维艰、需要新的创意和新的点子才能打开局面时，杰克满怀激情地为大家介绍了自己当时的创意。经过讨论，大家意识到，这是一个无比靠谱并可能改变世界的点子。杰克还在2006年把记录那个原始想法的手稿用相机拍了上传到Flickr上。对，就是下面这张图：

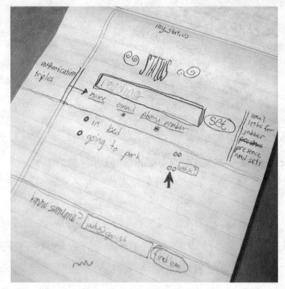

"推神"杰克在 2000 年手绘的微博构思

瞧，杰克的草图已经具备了微博后来拥有的几个主要特征：个人更新状态信息的编辑框，寻找朋友的搜索栏，显示自己或朋友更新的状态流……

2006年夏天，在杰克的简单而又神奇的构思启发下，Odeo的员工们成功搭建了Twitter的原型——TWTTR，并通过实验运营证明这个小东西对几乎每一个人都有着强大的吸引力。伊万和他的合作者们意识到，Odeo原来的发展方向已经失去了吸引力，他们的激情正不可救药地朝着杰克的神奇构思指明的方向蔓延。

这个时候，伊万未尝不可以在Odeo公司的既有框架内转变产品方向，全力打造Twitter。Odeo公司并不缺钱，投资人放在银行里的钱足以支持公司运营好几年。但伊万觉得，把风险投资人投的钱放在银行，然后去做一个新项目，这好像并不合适。另外，对自己心中的梦想来说，有一大笔钱可以挥霍也并不一定是件好事。伊万在后来发表的一篇博客文章（http://evhead.com/2006/10/birth-of-obvious-corp_25.asp）中说：

"我们必须注意风险和机会成本。我们可以花这些钱，但这并不意味着我们就应该这么做。继续我们曾经走过的路，这是一种利用投资人的金钱以及每个参与者的时间的最好方式吗？不是的。"

伊万和他的朋友们需要一个新的模式，需要一家新的公司，需要更多的属于自己的自由空间。为了这个目标，他们作出了一个让风险投资家们瞠目的举动。他们开办了新公司Obvious（不久后改名Twitter），然后用新公司买下了Odeo公司的所有资产，包括所有员工、所有技术以及Twitter.com这个网站。换句话说，他们归还了Odeo投资人投入的所有股份，然后从头开始，没有任何负担地经营新的公司——Twitter。就像伊万自己所说的那样：

"我希望创办一家尽可能快乐，尽可能有自我满足感的公司。工作上的快乐对我而言，意味着更多的自由、更多的创新、与我尊重的人 起工作以及追寻那些足够疯狂的想法。我不想为能否取得董事会或决策层的支持而担心，也不想为募集资金、关注投资者的意见或投资回报而担心。"

足够快乐、足够自由的Twitter公司运营得比所有人预料的还要好得多。2007年年初，Twitter凭借其快速、便捷、社会化的巨大魅力，迅速走入公众视线，并成为当年用户数增长最为迅猛的社交网络之一。从2008年到2009年的短短两年时间里，Twitter在全球经历了爆炸性的增长，一跃成为了美国、欧洲乃至全球的媒体明星。到2010年年底，凭借着接近2亿的用户总数，和37亿美元的资本市场估值，Twitter不折不扣地为微博的发展史书写了最富有传奇色彩的开创性篇章。

中文微博：曾经的探路者

Twitter的巨大成功在第一时间吸引了中国大陆投资人和创业者的目光。Twitter这种神奇的微博服务，能在中国大陆网民中扎下根吗？2007年，Twitter还在竭尽全力网罗用户，改善用户体验的时候，一批中国创业团队已经着手打造中国人自己的微博网站了。

第一个先行者是王兴创建的"饭否"。作为校内网等国内多家社交网站的创始人，王兴对Twitter所代表的通信和社交网络的未来有着敏锐而独到的认识。王兴说：“从校内、海内、饭否到美团网，我一直在利用人际关系传播信息。”而利用人际关系传播信息，最好的平台非微博莫属。

“饭否”这个名字来源于辛弃疾的著名词章：“廉颇老矣，尚能饭否？”这两个字在国人看来，就像北京人碰面时常说的“吃了吗”一样简单、亲切。饭否团队选择这两个字作为微博服务的名字，当是为了体现微博的“唠嗑”或者“唠叨”的精神，让大家在微博上像唠嗑一样亲切、自然地互通信息。

饭否网站上对自己的定义是（http://help.fanfou.com/about.html）：

> 饭否是一个 140 字的迷你博客。在这里，你可以告诉大家你在做什么，可以随便看看大家都在做什么，也可以关注一些有趣的人。
>
> 目前，饭否支持饭否网页、手机上网、手机短信、手机彩信（发照片）、QQ、MSN、GTalk 机器人和 API 等方式来发布消息以及同步个人签名，发布一句话博客。
>
> 简单地说，饭否就是可以随时记录自己的心情、简洁发表自己的观点的东东。

饭否成立于2007年5月，到2009年上半年，饭否的用户数量就增长到了百万之多。与此同时，叽歪、嘀咕、做啥等一批效仿Twitter的微博服务在国内上线。中文用户有了自己的微博服务。

令人遗憾的是，2009年年中，饭否、叽歪等第一批中文微博服务网站停止服务，宣告了第一批探路者的陨落。和后来兴起的新浪微博、腾讯微博等门户微博网站相比，人们通常把这第一批的探路者称为独立微博网站。独立微博网站的兴起和陨落成为了中文微博发展史上的一个独特事件。

无论如何，这些最早的探路者都给那些勇于尝鲜的中文微博用户留下了关于微博的第一印象。他们一起承担了向第一批中文用户传播微博概念、检验中文微博每个功能特性的职责。当我们今天在新浪微博、腾讯微博等远比当年的饭否大得多的微博平台上享受微博乐趣的时候，也许会有人想起当年在饭否的老朋友，挂念自己留在饭否的点点滴滴的情感记忆……

2010年11月25日，饭否的粉丝们得到了一个最好的感恩节礼物：饭否（fanfou.com）重新开放，老用户可以登录，新用户可通过邀请码注册。也许，重新开张的饭否或其他类似的独立微博网站还会在自己坚持的道路上继续走下去，并与他们的忠实粉丝们一起探索和实践最新的微博用户体验，也许，他们可以

和门户类微博网站一道推动微博开发的革新，让微博这个大平台更加开放，更加丰富多彩。

王兴在饭否重新开放后发出的第一条微博：改编《光辉岁月》的歌词

门户网站引领微博风潮

新浪网作为国内最重要的门户网站之一，曾经在门户网站开办博客服务的大潮中赢得过许多网民的信任和青睐。大家一定还记得点击量超过千万、被无数网民追捧的"老徐的博客"。徐静蕾通过新浪博客这样巨大的传播平台，迅速成为了在互联网上集万千粉丝目光于一身的演艺明星的代表。

应当说，有了新闻门户运营和博客服务等成功经验，像新浪这样的门户网站跻身微博领域，并凭借自身的技术、运营和用户优势走在微博服务提供商的最前列，是一件水到渠成的事情。难能可贵的是，新浪在现有博客服务非常受欢迎的情况下，能够敏锐地看到微博所代表的未来趋势，能够清晰地判断出微博必将成为下一个社会化媒体平台的发展方向，并敢于投入力量打造最符合中文网民需要的微博服务，这的确走在了所有门户网站的最前面。

正如新浪CEO曹国伟所说："对新浪来说，对我们全体员工来说，我们希望利用微博进行第二次创业，我们不但领先，我们还要比别人多十倍的努

曹国伟在 2009 年微博大会演讲

力把微博做好。"在开发与建设新浪微博的过程中，新浪也的确是这么做的，他们把微博团队作为全公司优先级最高的部门加以支持，用最快的速度，开发出最贴近用户需求的功能特性，在第一时间将新浪微博发布上线。

2009年8月，新浪微博开始内测。作为最早的一批微博客，我全程见证了新浪微博从创立到发展壮大的全过程。可以说，新浪微博在国内吹响了微博服务全面兴起的号角，短短一年半时间，微博的风头已经远远盖过了传统的博客服务，成为了网民们街谈巷议的最热门话题。

从功能特性方面说，新浪微博与Twitter乃至国内的饭否相比，有了不少创新的地方。

最重要的一点，Twitter以及国内的第一批效仿者如饭否，在功能上更加注重微博的通信和社交功能，而新浪微博等后起的门户微博网站，则在保留通信、社交功能的基础上，极大地强化了微博的媒体和传播功能。从Twitter和新浪微博的用户界面比较上，就不难看出这一点。

Twitter 的用户界面

上图是Twitter的用户界面。在我的主页里，我的每一条更新占据了左边的主要空间。每条更新都以纯文字方式显示，即便其中有图片或视频的链接也不例外。其他推友对我的转发和评论也和我的更新一样，显示在所有人的时间流中，转发、评论和原始状态更新的地位是相同的。

我们再来看一下新浪微博的用户界面：

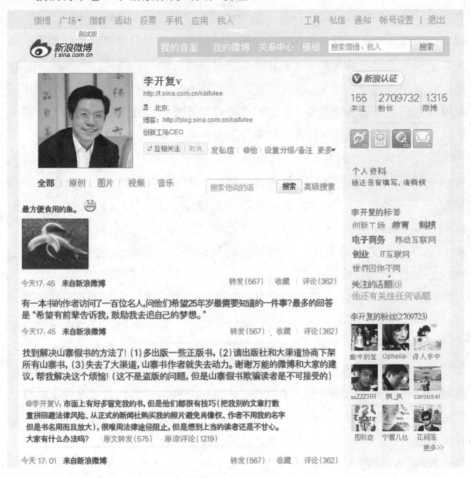

新浪微博的用户界面

新浪微博的界面中，每条微博都既显示文字信息，也显示图片信息，还同时显示了转发和评论的数量。我转发的别人的微博，也会用嵌套的方式显示在时间流中。别人对我每一条微博的评论，都聚合在该微博的页面内，实际上是将微博本身与转发、评论用不同的方式分别聚合和显示。新浪微博的这种用户界面设计，综合了传统的博客服务与Facebook等社交网站服务集成度强的特点，使微博更近似于一份可以天天阅读的网络媒体，所有相关信息都在页面上展示无遗。

　　Twitter以文字和链接为主，所有更新、转发和评论都处于平等地位的展示方式，与新浪微博直接嵌入多媒体元素，如图片、视频等，并把转发和评论嵌套在时间流中的做法相比，Twitter的设计更为简洁，更容易适应不同设备和环境中的信息发布，而新浪微博的设计则更适应微博作为新媒体平台的需要。事实上，新浪微博的这一做法直接导致了使用微博时的习惯差异。例如，Twitter用户在发布微博时，通常以文字为主，嵌入图片或视频链接的比例远少于新浪微博的用户。而在新浪微博里，如果你的微博不包含吸引人注意的图片，简单的文字信息就很容易被周围大量图文并茂的微博所淹没。

　　除了功能设计上的革新，新浪微博在发布之后，还采用了许多不错的营销手段推广微博、吸引更多用户。例如，2009年9月16日，新浪微博刚刚发布不久的时候，李宇春在新浪聊天室做客，其间用手机发布了一条微博，一下子吸引了粉丝们的注意。该微博被转发和评论的数量均达万次之多。这种利用名人效应推广微博平台的做法在新浪微博上线初期，收到了非常好的效果。

　　2009年11月2日，SOHO中国董事长潘石屹在同济大学做演讲。新浪微博为此举办了同期的直播和互动活动。演讲现场的学生以及网上的网友可以直接通过新浪微博向潘石屹提问，潘石屹则选择关注度最高的问题现场回答。整个微博互动的过程也被同步展示在演讲现场的大屏幕上。这不但是新浪在微博推广早期，将微博与知识传播、事件直播、提问互动等因素结合起来的一次成功尝试，也为所有微博用户揭示了微博潜在的强大生命力，预示着微博必将以一种全新的方式，成为和我们生活息息相关的传播平台。

　　2009年11月2日，新浪微博迎来了第100万个用户，距离其对外公测仅66天时间；2010年4月28日，新浪微博用户数量首次突破了1000万大关；2010年10月20日，新浪微博注册用户总数爆发增长至5 000万；截至2010年年底，统计数据显示，新浪微博的用户总数已经超过了6000万，用户平均每天发布超过2 500万条微博内容。预计到2011年2月1日，新浪微博用户可达到8000万以上。

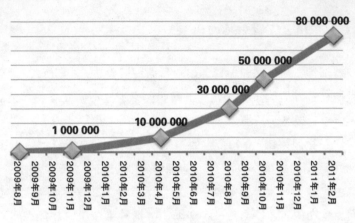

新浪微博注册用户数的增长趋势

这一发展趋势远远超过了传统媒体的普及速度。从传播媒体的演变史看，一种传播媒体普及到5 000万人，收音机用了38年，电视机用了13年，互联网用了4年，而微博只用了14个月。有感于微博的迅猛发展，以及微博相关的 系列社会现象所引起的巨大反响，《南方人物周刊》将2010年年度人物颁给了"微博客"。《南方人物周刊》说："即将结束的这一年，网络与现实的纠结在中国有了一个更集中的展示平台：微博……微博的现实，就是中国社会的写实。"

与国外相比，中国微博用户更趋向于年轻化。据我自己在新浪微博上所做的调查，中国微博用户平均年龄25.4岁（调查是在我的粉丝群中进行的抽样），和中国网民平均年龄差不多。相比之下，美国互联网用户平均年龄42岁，Twitter用户平均年龄39岁。这种年龄结构上的差异也在客观上造成了国内微博平台在发展方式上的中国特色。

随着新浪微博的蓬勃兴起，其他几家门户网站也纷纷加入了提供微博服务平台的行列。2010年4月，腾讯微博正式开始内测。到2010年年底，腾讯微博的用户数量飞速增长，增速之快，大有在短时间内和新浪微博正面竞争的势头。几乎在同一时间，网易微博、搜狐微博等各大门户网站的微博服务纷纷上线，搜索引擎百度，社交网站人人网、开心网等也提供了微博类的服务。一时间，微博平台与微博营销成为国内互联网巨头们奋力竞逐的最新阵地。激烈的竞争也在客观上为网民提供了多样化的选择，并促使微博运营商们加强创新力度，加快研发步伐。

微博现象：用140个字改变世界

伴随着新浪微博、腾讯微博等门户类微博平台的成功运营，写微博、读微博、聊微博已逐渐成为了国内网民上网的必修课之一。每条只能发布140个字的神奇媒体平台成为了所有人瞩目的焦点。

其实，正是因为每条140个字的限制，微博从发布媒介上拉近了专业作者与业余网民之间的距离。即便你不能像作家、记者那样长篇大论，你也可以轻松、自由地在微博上释放心情，记录生活点滴。正是因为有了140个字的限制，在网上发布内容才不再是一种必须集中精神半个小时才能完成的任务。随时随地，在电脑上、在手机上、在家里、在公交车上，你都可以在几秒钟的时间里，把自己的声音传递到互联网上。也正是因为有了140个字的限制，每一条微博才可以被快速转发和阅读，每条微博所承载的新闻、思想、故事乃至趣闻、笑话、牢骚才可以用最快的速度，影响到所有的受众，并进而影响整个世界。

相比英文用户而言，140个字的限制对中文用户还有着另一层特殊含义。在英语等西方语言里，140个字符其实只不过能容纳二三十个单词，也就是一两个短句的样子。但在中文里，140个汉字可以表达的意思，要远远多于140个英文字符所能传递的信息量。这也可以从另一个角度解释，为什么Twitter用户更喜欢把Twitter当作朋友间的通信和社交工具来使用，而新浪微博的用户则除了通信和社交以外，还利用微博大量发布信息，把微博视作他们自己的媒体平台。

所以，从某种意义上说，这区区140个字，看似极其有限的规定，反而为微博影响和改变我们的生活提供了近乎无限的空间。

为什么微博有 140 个字的限制？

说来很简单，当年杰克·多尔西提出关于微博的想法时，每条英文手机短信有160 个字符的限制。杰克希望微博也能有一个每条的字数限制，以便通过短信发送。为了给发送者的名字留出 20 个字符的空间，杰克为 Twitter 规定，每条不能超过140 个字符。后来，其他类似的微博服务，包括国内的微博服务，都直接沿用了这个看似武断、细琢磨却又有无穷趣味的规则。

可以说，一条条不足140个字的微博，已经成为了我们这个时代互联网上

的一个独特现象。微博作为一个传播和沟通平台，它对我们工作和生活的影响难以估量。

例如，仅仅在2010年一年里，我们身边发生的许多大事，就和微博现象有着千丝万缕的联系。正如《南方人物周刊》将微博评选为2010年年度人物时所总结的那样："这一年，Google退出中国、王家岭矿难、南平杀童事件、玉树地震、富士康连环跳、宜黄血拆、上海火灾……无数的新闻背后，人们在微博上分享信息、PK观点，一个话筒搭上了另一个话筒，无数的声音开始激荡。"我们身边的微博，已经成为了一种社会现象。

方舟子微博打假

最著名的例子，莫过于方舟子利用微博打假的故事。2010年7月，学术"打假斗士"方舟子揭发唐骏学历造假一事，迅速在网上被炒作升温，成为舆论关注的焦点。而整个事件的起因，恰恰是源于方舟子在微博上与网友的互动。

7月1日，有网友在微博上问方舟子怎么看待成功学，怎么看待唐骏。方舟子用微博回答说，唐骏的"加州理工学院博士学位"是假的：

方舟子：回复 @ 萨根：唐骏的"加州理工学院博士学位"是假的，是不是也要大家跟着复制如何造假？ //@ 萨根：最近唐骏有一本《我的成功可以复制》，一看书名就是明晃晃的忽悠。成功学和宗教有类似之处，如果通过学习成功学你成功了，说明成功学有用，如果你没成功呢，说明你努力不够。

方舟子同时在微博上指出：

方舟子：回复 @ 付强 2010：一、加州理工学院计算机系校友名单中没有此人。二、美国大学博士论文数据库中找不到此人的论文。 //@ 付强 2010：唐骏的博士学位是假的？有根据吗？ //@ 方舟子：回复 @ 萨根：唐骏的"加州理工学院博士学位"是假的，是不是也要大家跟着复制如何造假？

因为有了这样的微博对话，方舟子开始进一步查证唐骏的学历问题，发现唐骏自称的"在美国有几项发明、靠卖专利赚了钱"、在美国"开办律师事务所"、在美国开办公司、某年获得美国绿卡等不是可疑、可笑，就是不可能、造假。

唐骏学历门几乎立刻被包括微博在内的各类网络和平面媒体关注，雪球越滚越大。唐骏通过媒体采访以及自己的微博澄清和辩解，方舟子也通过微博加以批驳。微博平台上，甚至很快形成了"挺唐派"与"挺方派"两个大的派系，两派网友在微博上针锋相对，各不相让。

7月6日，唐骏用微博表达了自己的明确态度：

> 唐骏：第一，今后我的名片上会加印一个博士在名字后。第二，法律会让现在和今后那些捏造事实诬陷他人者付出代价。第三，我还是我，什么都没改变，一个我行我素明天开始你行我素的唐骏！……最近有点烦有点烦，好在明天就不烦了……

之后，唐骏便不再更新微博，不再回应微博上各种质疑的声音。方舟子则当仁不让地在微博中大量曝光调查得到的各种线索和证据，并进一步质疑唐骏的诚信：

> 方舟子：一个人如果连履历都可以捏造，而且捏造得很低级，习惯性地造假、说谎，不断地用新的谎言掩盖旧的谎言，那么我们如何相信他的其他方面就都是真实的？他的企业业绩、发展方案、财务报告还值得信任吗？

通过微博这个传播平台，唐骏学历门一下子成为了2010年的中国新闻热点。事件本身在中国普通网民中的影响更不容忽视。例如，原本默默无名的"美国西太平洋大学"一下子变得家喻户晓，像钱钟书《围城》中的"克莱登大学"那样成为假文凭的代名词。不能不说，微博在这种影响广泛的传播效应中起到了至关重要的作用。

12月10日，唐骏在学历门发生半年以后，再次在微博上发表自己的观点：

唐骏：这个事件我有没有责任？有责任，我是当事人我要负主要责任。这个责任在于什么，我对我自己的学历采取一个含糊、不透明的方式，如果我说我错在哪里？我应该在所有的场合都说我毕业于美国西太平洋大学就可以了，就不会有这样的事，起源就是我没有透明起来，含糊了，这是我的错，很严重的错。

 唐骏：但是你说我是造假我是坚决不同意，我自己觉得我自己没有错，但是我的错在于刚才说的那种含糊，不透明，是虚荣心造成的。所以我把它当成一个娱乐，这样会放松一点，而且是十几年前的一件事情，大家娱乐一下，我从来没有说通过我的学历获取我的利益，获取我的资本，获取大家的信任。

方舟子也毫不含糊，在微博回应：

 方舟子：唐骏是不是觉得时过境迁，大家的记忆开始模糊了，才出来喊冤？大家的记忆可以模糊，标榜你是加州理工博士的众多造假证据可不会消失，都还在微博上列着呢。而且这冤还喊得前言不搭后语，"我自己觉得我自己没有错，但是我的错在于刚才说的那种含糊"，你究竟觉得自己有没有错？

在事件过程中，微博从始至终扮演了一个重要的传播者的角色。从某种意义上说，正是因为有了唐骏学历事件这样一个典型的传播案例，微博在国内才真正拥有了和其他网络媒体乃至传统媒体分庭抗礼的地位。

宜黄"血拆"中的微博传播与救助

关注就是力量。微博为普通网民关注身边的焦点事件，参与新闻热点的传播，乃至直接向事件中的受害者伸出援手，提供了媒体平台。更重要的是，微博上发生的一次次焦点事件唤醒了民众的关注意识，无论是山西疫苗事件、记者仇子明被打事件，还是前村主任钱云会被碾死事件，都通过微博引起了大众的广泛关注，也让千百万普通公民面对身边的社会现实，有能力发出自己的声音，有条件将公民和媒体应当起到的舆论监督作用付诸实践。

2010年9月，围绕江西省抚州市宜黄县的"血拆"事件发生的微博救助，就是一个用微博凝聚起公民的责任感，用大众传播体现正义与关爱的感人故事。

9月14日，宜黄女孩儿钟如九的家在一次强制拆迁中被破坏得支离破碎，钟家几口人被汽油大面积烧伤。9月16日，钟家姐妹赴北京上访求助，被当地组织的数十位干部围堵在南昌机场，最后不得不躲进女厕所，用手机向媒体求救。07：50，《新世纪周刊》记者刘长收到求救电话后，发出第一条事关宜黄强拆的微博，呼吁大家关注。此信息经由网络意见领袖转发。此后，转发开始以几何级数增加。不到一个小时，这条微博已被转载近千次。到当天上午，这条微博被转发2 700多次，并获得了超过1 000条评论。凤凰卫视等媒体也开始同时在新浪微博与腾讯微博直播事件进程。

9月17日，腾讯新闻频道联系到钟如九，并为其在腾讯开通微博。第一条微博引来580人转播：

钟如九：大家好，我叫钟如九。是江西省抚州市宜黄县被拆迁家庭的小女儿。我在网络上看到了大家对我们家的关心，非常感谢！

之后，钟如九在微博上不断更新钟家遭遇、事件进展：

钟如九：我们昨晚上在外面的时候，11：00过后还有人去敲我们旅店房间的门，当时只有我侄子和大哥、大嫂在房间里。他们一直喊开门，也没有说原因。直到我侄子报了110，警察来了之后他们才走。

钟如九：我妈妈、大伯还有我二姐现在都还没有度过危险期，医生在星期一给他们做完植皮手术后说手术比较顺利，但他们这几个月随时可能有生命危险。他们喉咙上都插着管，还不能说话。我们很痛心。

钟如九：今天中午听到医生说我大伯病危，明天不知道能不能在胸前植皮，如果不能植的话只能走一步算一步了。我听到这个消息后真的很痛心，想起以前大伯的身体那么硬朗，再看看病床上的他是那么虚弱。我真的不忍心看他，本来还想在他晚年好好孝顺他的，没想到这么快就没机会了。真的很难过。

她的每一次发言，都被成千上万的粉丝转发和评论。宜黄拆迁事件微博阵营的加入，迅速聚集了网民的力量，为救助钟家姐妹行动打开局面。9月18日，钟如九在腾讯微博上发布了大伯去世并被抢尸的消息。这一消息受到网络意见领袖以及媒体的关注，信息开始迅速传播。大量热心网友、律师和记者自发地加入到救助钟家的行动中来。9月26日，钟如九的律师王令在微博上发布"紧急求助"，称钟妈妈仍处危重状态，急需烧伤治疗方面顶级专家。经网友积极联络，9月28日，钟母顺利转入北京的医院，得到妥善救治。

这一场以微博平台为主战场的救助行动成为2010年最具影响力也是最感人的事件。通过亿万网民的集体行动，悲剧最终没有继续，在亿万网民的转发、关注和救助下，钟母最终得救，宜黄相关领导受到调查处分。民意得以体现，关爱通过微博平台延伸。在社会责任感、爱心关注、社会监督等方面，凭借微博平台，普通公民也可以出一分力，发出一点声音。这时，微博平台所体现的是势不可挡的民意力量。

舟曲泥石流灾害中的微博救援

微博也可以成为重大灾害事件发生后的绿色通道，为救灾和公益贡献力量。例如，2010年8月，甘肃甘南藏族自治州舟曲县特大山洪泥石流灾害爆发后，一名武警战士用手机拍摄的视频因为真实地再现了灾害救援现场的感人场景，被微博用户们纷纷转发，感动了无数网友。一个正在灾害现场的90后微博用户，用自己的新浪微博对亲历的受灾情况进行了图文直播，对身边受灾者的实际情况作了客观的报道：

水灾，停电，几乎一幢楼的人们都围在这烛火旁。

我和家人已经转移到这个可以俯视县城的安全地带。

一个亲戚家里五口人全被泥石流掩埋。

看到灾害现场的实况，微博上的网友们也纷纷发微博表示声援：

虽然远隔千山万水，但愿全国人民的祝福和祈祷，能与舟曲人民在一起。舟曲，加油！舟曲，顶住！

参与灾害救援的网友也发出鼓舞人心的微博：

我们正奔赴一线，请全国人民放心，灾难只能考验我们的意志，灾难只能磨砺我们的民族。

在重大的灾害发生时，微博义不容辞地承担起了最便捷网络传播平台的重要职责，利用自己传播速度快、信息创建简便及时的特点，为我们国家的灾害救援作出了贡献。

微博上的"3Q"大战

2010年11月月初发生的腾讯QQ和360安全卫士之间的"战斗"也许在几年后，还会让大多数网民记忆犹新。其实，在那场"3Q"大战中，微博也扮演了不可或缺的角色。

事实上，360公司董事长周鸿祎最早对腾讯产品的意见就是通过微博发布的。腾讯官方微博也在第一时间作了针锋相对的回应。2010年10月，随着360公司称腾讯QQ窥探用户隐私，双方的微博公关战逐步升级。周鸿祎的微博、360安全卫士的官方微博和腾讯的官方微博都成了代表各自公司的最重要的公关武器。腾讯甚至还在竞争对手新浪微博的平台上开了账号，以避免网友在新浪只看到360公司的信息。

11月3日，腾讯公司终于向所有QQ用户发布了那封著名的致歉信。腾讯让网民在两个产品中"二选一"，如果电脑装了360的软件，QQ将无法使用。微博网友们第一时间转发和评论了致歉信的主要内容，致歉信第一段"当您看到这封信的时候，我们刚刚作出了一个非常艰难的决定……"也成为了当日微博乃至全中国互联网上流传最广的一段话。

随着微博传播的迅速升温，腾讯的做法在网友中间引起了截然不同的反响。有的网友全力支持腾讯维护自己的权益，有的网友质疑腾讯的做法是否妥当，有的网友则直接质问腾讯为什么用类似绑架用户的做法和360对抗，还有的网友则用幽默的方式开起了腾讯的玩笑，把那封著名致歉信的第一段改成了无数搞笑的版本。

虽然"3Q"大战最终以政府机构出面、腾讯和360各自被批评并公开向用户道歉、恢复软件兼容性的大团圆结局收场，但事件本身在微博等网络媒体上造成的影响却是深刻而耐人寻味的。甚至有网友和媒体总结了"3Q"大战中的经典微博语录。例如，我在"3Q"大战期间，曾发表微博，引用美国媒体的话表达我的观点：

李开复：美国硅谷媒体："（中国互联网的竞争）就像一个没有规矩的竞技场里，角斗士战斗到死。"

一位网友的评论则简单而风趣：

我不愿看到腾讯一家独大，但我更害怕看到360借波称霸，简称波霸。所以，经过昨夜，世界虽然没有变得更纯情，但它至少没有变得更惊悚。

"3Q"大战在中国软件和互联网产业的发展史上，必将成为一个值得深入研讨和反思的关键事件，对产业未来的影响还很难预估。当然，仅从新闻传播的角度说，在整个事件过程中，微博所显示出的传播力的确是惊人的，微博正以非同寻常的渗透力，直接参与到我们身边的每一个重大事件中来。

从"大小恋"看微博娱乐

和其他媒体一样，娱乐内容的快速传播也是微博吸引网民的一个重要领域。

2010年10月，微博上传出中国台湾女星大S与京城富二代汪小菲"闪恋"的消息，网友称大S与汪小菲是在安以轩9月末的生日宴上相识的，还以两人在微博上的互动为证据，称他们已经情根深种。

事件发生之初，大S和汪小菲在微博上显得非常大方，频频通过自己的微博大秀恩爱。汪小菲先发微博表示，自己已经和前女友张雨绮因性格问题分开了一段时间。随后，大S也在微博上承认了自己与汪小菲之间的恋情。

大S和江小菲之间的"大小恋"引起了无数粉丝的关注，两个人通过微博的"恩爱秀"则进一步点燃了粉丝的激情。大量粉丝守候在微博前，等待他们的最新动态；无数网友通过微博发表自己对"大小恋"的感想和评价。两个人的恋情好像曝光在公众的面前，经受所有人的评判一样。

　　也许是因为来自网友的关注和压力过于巨大，也许是两个人不愿意再经受舆论对私人情感的评判，大S和汪小菲于11月10日双双关闭各自的微博。大S在关闭微博前说：

大S徐熙媛：我所认识每一个我爱的人，都不是透过媒体报道或评估过他的身家，如果爱能那么简单就好。现在开始我关闭微博，之于历史上因人言可畏而逝去的生命来说，我的退出只是对盲目荒谬的集体公审小小的抗议。支持我的朋友们感谢！还有啊，以后用我名字出现的人，就是冒名啦。

　　"大小恋"堪称年度微博最引人关注的明星恋情之一。实际上，随着微博进入人们的生活，越来越多的演艺明星都成了"微博控"。冯小刚将微博称作"冯通社"，回应一切与自己有关的话题；姚晨将微博视作"生活秀"，大晒美好生活。有趣的是，还有一部分名人拒绝微博上的身份验证，"隐身"在茫茫人海中与若干好友玩互动。经媒体和新浪微博的曝光，躲在马甲背后的名人有：

- 王菲，新浪微博昵称：veggieg
- 徐静蕾，新浪微博昵称：**强迫症前期**
- 陈奕迅，新浪微博昵称：**吹神**
- 周迅，新浪微博昵称：**指甲刀人魔李凯仪**
- 李亚鹏，新浪微博昵称：**一号立井**

在微博上，娱乐已经成了生活方式的一种，演艺明星和大众一样，有自己发布声音的平台，有自己的朋友圈和粉丝群体，有生活的喜怒哀乐，也有娱乐界的纷纷扬扬……今天，新浪微博人气榜上，排名前10位的微博主里，有8位都是娱乐界的明星。网民与明星一起娱乐、八卦、互动，并得到开心和满足。可以说，微博上的演艺明星们正与普通网民们一道，享受着"娱乐化"的微博生活。

金庸在微博上的"死而复生"

　　当然，微博作为一种传播迅速、影响广泛的媒体，如果使用不当，也会出现副作用，甚至会闹出笑话来。2010年12月在微博世界里发生的大师金庸"被死亡"的离奇事，就是这样一个让人啼笑皆非的传播案例。

2010年12月6日晚，新浪微博上一位网友突然发出了一条只有40几个字的微博：

金庸，1924 年 3 月 22 日出生，因中脑炎合并胼胝体积水于 2010 年 12 月 6 日 19：07 在香港尖沙咀圣玛利亚医院去世。

消息虽短，却说得煞有介事。因为金庸先生的知名度，更重要的是，因为微博上的消息传播往往是顺着"关注"和"被关注"的信任链条快速传播开来的，这位网友的粉丝有的出于对这位网友的信任，有的出于半信半疑、转发求证的心态，有的则出于看热闹的八卦心态，开始转发这条微博，一传十、十传百，消息顺着粉丝、粉丝的粉丝这样的信任关系链快速蔓延开来。

即便在这个时候，大多数普通网友们也还是把这条消息当作一则小道消息，本着好奇的心态参与到整个传播过程里来的。20:00左右，情况发生了新的变化。一位《中国新闻周刊》杂志的编辑在家登录"中国新闻周刊"的官方微博账号后，看到这条微博，并随手以周刊名义，草率地发出了类似内容且没有注明"转发"或来源的微博。

一石激起千层浪，"中国新闻周刊"的官方微博账号发布的金庸先生去世的消息，一下子让无数微博用户信以为真，成为当日微博上最具有爆炸效应的消息。许多人为金庸先生的"死"而惋惜、悲痛，更多的人因为没有从其他官方媒体得到确证或更详细消息而疑惑万分，大量网友在微博上相互询问，打探。质疑的声音一浪高过一浪。

直到21:22，"中国新闻周刊"才发现了问题，并匆忙发出更正和致歉微博：

中国新闻周刊：【更正并致歉】本日晚间关于金庸先生去世的消息经证实属于谣言，特此更正并致歉，敬请广大新浪博友们继续支持及监督我们的工作，感谢各位。

随后，23:28，"中国新闻周刊"再次发布正式的致歉微博：

中国新闻周刊：因为编辑工作失误，我们传播了金庸先生逝世的虚假消息。在此诚挚地向查良镛先生及家人，以及一切受到失实消息困扰的朋友道歉。对不起。我们会积极消除影响、处理相关责任人的。我们在以后的工作中，会严格地要求自己、严格遵守新闻纪律、加强三项教育学习，杜绝此类事件的发生。敬请原谅。

《中国新闻周刊》副总编辑、新媒体总编辑刘新宇也在其个人微博上发布了相同的内容。第二天，刘新宇辞去《中国新闻周刊》副总编辑、新媒体总编辑职务。直到这时，大家才彻底明白，全部事件不过是一场虚惊。大师金庸在微博这个社会化的传播平台上，因为以讹传讹的虚假消息，在几个小时的时间内，"死而复生"了一回。

微博已经深入到了我们的生活。金庸"死而复生"这个负面的传播案例一方面揭示了微博平台上基于信任链条传播的速度之快，影响之大，另一方面也提醒我们，任何媒体形态和社交网络都有其弱点，如果不加控制、不负责任地随意发布不实消息，不经查证地随意传播不实言论，微博就会成为谣言的集散地。除了微博平台本身的管理手段外，每个写微博、转发微博的人，在遇到类似事情时，也必须三思而后行。

MICRO-BLOG：

Changing the World

微博：改变一切

第三章 CHAPTER THREE

微博的魅力从哪里来

　　微博已经成为了一种现象，微博已经深入了我们的生活。那么，微博到底为什么会有这么大的魔力呢？是什么原因让微博在这么短的时间内深入人心，让数千万人每天沉浸于看微博、写微博的愉悦中乐此不疲呢？

微博是高度社会化的传播平台

　　概括地说，微博是一个高度社会化的传播平台，它集中了我们熟悉的三种沟通方式——电子邮件、即时通信工具和媒体的优点，又分别赋予了它们社会化的特征。

微博	=	社会化收件箱	+	社会化即时通信	+	社会化媒体

　　首先，微博是一种"社会化的收件箱"。作为一种社交和通信工具，微博起到了传统电子邮件服务所不能起到的作用。微博不仅仅可以承担人们和朋友、陌生人之间的联络、通信功能，还为这种通信引入了社会化的特征，用"关注"和"被关注"这种符合社交网络特性的人际关系，取代了以往电子邮件中的"发送者"和"接受者"这种一次性的信息传递关系。

什么是"关注"和"被关注"？

在微博上，"关注"另一个微博主就可以在自己的微博页面上，看到该微博主的实时更新，你自己也因为"关注"而成为了"被关注"的微博主的一名"粉丝"。你对其他微博主的"关注"关系是由你自由选择决定的，你可以随时"关注"某一个人，也可以随时"取消关注"某一个人。

　　其次，微博是一种"社会化的即时通信工具"。微博有简便易用的特点，同时还具备非常好的实时性，这使得微博可以很好地满足关注者和被关注者之间随时随地交换信息的需求。和传统的即时通信工具不同的是，除"私信"外，微博上的大部分发布，包括转发和评论，通常并不特定发生在两个通信对象之间，往往也同时向其他关注者和网友公开。

　　最后，微博是一种"社会化的媒体"。微博上除"私信"外的所有发布都向关注者以及其他网友公开的特征，使得微博成为了一种新的媒体，同时又具备社会化的特征。说它是媒体，是因为它具备了媒体由信息源向一定数量的受众传递信息的特性。说它社会化，一方面是因为它的内容可以由任何社会化的个人自由创建，另一方面是因为它的传播是基于"关注"和"被关注"的信任链，依赖人和人之间的社交关系网络完成，而非目标不特定的信息传播。

社会化为微博赋予了"人"的活力。在微博这个目前最活跃的社交、传播平台上，人是永远的主角：

- 因为微博的方便易用，每个人都可以成为信息发布者
- 因为微博巨大的影响力，每个人都可以成为新媒体，可以经营自己的品牌
- 微博上的每个人，更接近生活中最真实的自己
- 因为人与人之间的关系，微博上的信息传播呈现"病毒式"传播的特点
- 因为人的参与，微博成为了一个最具个性化的媒体平台
- 从本质上说，微博满足了每个人的最基本需求

接下来，我们就从以上六点出发，简单分析一下，微博作为社会化媒体平台，其巨大魅力的根源所在。

微博降低了内容门槛——人人都是发布者

与以往所有媒体不同的是，微博大幅度降低了内容创建和信息发布的门槛。在微博上，人人都是信息发布者，人人都是播音员。

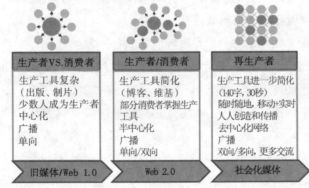

对于传统的媒体如图书、杂志、电影，以及互联网的Web 1.0时代，媒体传播是一种单向的关系，因为内容生产的复杂性，只有少数人是内容的生产者，多数人是内容的消费者，这种传播必然形成一种由中心向四周的传播途径。只要想一想，写作和出版一本书的流程有多么复杂，就不难知道，在传统媒体时代，一个普通人想让自己的文字、声音传播到千千万万人那里是多么困难。

在Web 2.0时代，互联网上出现了以博客、维基百科等为代表的内容创建工具，任何一个网友都可以轻松、自由地创建自己的博客，维护自己的个人网站，或者在维基类站点上分享自己的知识。这个时候，因为内容生产工具的简化，一部分消费者开始掌握生产工具，传播的路径也从中心化向半中心化或者

多中心化演变，传播的方向则由单向传播向单向和双向相结合的方向演变。

当然，即便是这个时候，在互联网上发布内容也还是需要一定的时间和精力。想想也是，哪怕是发布一篇博客，那毕竟也是一篇文章，至少需要构思、收集素材和写作、编排的时间。另外，发布者也会担心，自己写出的一整篇文章，质量是不是足够高，是不是足以获得他人的认可。无论是从时间还是从篇幅和质量要求上说，Web 2.0时代的信息发布者仍然需要具备一定的素质，并拥有足够的时间精力，不是人人都可以或愿意承担起发布信息的职责的。

到了微博时代，一切都不一样了！内容的生产简化到了不能再简单的地步：只消写一句话，140个字以内，也许费不了1分钟，你就创建了一条内容。对于内容的质量和传播的效果，也不用太过担心，毕竟只是很短的一句话嘛，就像唠嗑一样，谁会在意唠嗑里的一句话是不是符合书面语的语法要求，是不是有着很强的逻辑性呢？更加方便的是，人们可以随时随地，在电脑上，在手机上，在iPad上创建并发布信息内容。因为简单，所以深入人心，所以人人都是发布者！

一句话，微博的简便性和手机等设备的移动性、实时性相结合，让信息发布的过程变得不费吹灰之力。这时，还有谁会按捺心头的表现欲，还有谁会在发现第一手消息时不首先想到微博呢？

例如，在没有微博的时代，如果我们在旅行中看到了一件新鲜事儿，那充其量能做的也就是用手中的相机把场景拍下来。然后，回到家再用电脑用记日记的形式，把看到的、听到的事情记下来。接下来，才是打开自己的博客页面，把自己写的文字、拍的照片小心地上传并编辑整理成一篇完整的博客文章。这时，不是每个人都有耐心把每一件新鲜事儿都记录下来的。况且，即便记录下来，发布出去，你发布的内容也可能因为早已过了时效，而成为"旧闻"了。

反之，在微博时代，一方面因为手机成为了随时随地可以发布信息的方便工具，另一方面因为微博提供了最快速、便捷的发布平台，我们几乎可以在第一时间，把生活中遇到的新鲜事儿发布到微博上。

有一次我在香港机场时，惊讶地发现人们在托运一大包一大包的行李，而且，这些行李都是发往非洲的。我询问了一下才知道，这些大包的行李，里面装的，都是由深圳发往非洲的手机！原来，我们熟悉的"山寨手机"在海外也有一片广阔的市场！有了这样的发现，我毫不犹豫地用手机拍下了当时的场景，键入了短短的一句说明文字，只几十秒钟，我看到的新鲜事就已经发布到了微博上，成为了数百万网友都可以看到的新闻。这种实时和便捷，在没有微博和移动互联网的时代，我们能够想象吗？

李开复：香港机场一景，超大行李一包包都是从深圳运回非洲的手机。

歌后王菲在2010年11月5日北京演唱会的现场换装期间，通过新浪微博的马甲Veggieg，用手机发出微博：

Veggieg：空中的盆友，你们好不？

这让人们见识了随时随地用手机发微博的最高境界。事后姚晨爆料说：

姚晨：造型师 Zing 向我们"控诉"：我快疯了，整个换妆时间就 30 秒，阿菲竟然还能插空发微博，嘴里还嘟囔，咦，为什么发不上去？为什么啊？

所以，用不着人人都是作家，用不着人人都长篇大论，用不着健谈，用不着儒雅，只要有话想说，哪怕是无聊的嘟哝，哪怕是随意的调侃，都可以成为微博发布的内容。

在看了冯小刚执导的电影《非诚勿扰2》之后，微博上的网友们发起了改编电影里经典台词的热潮。电影里的诗朗诵"你爱，或者不爱我，爱就在那里，不增，不减"就被改出了许多无厘头的版本。在疯狂的草根网民大联欢中，即便下面这样仅仅具有冷笑话意味的微博内容也成为了发布和传播的重要组成部分：

你看 或者不看书 分数就在那里 不增不减 你开 或者不开卷 态度就在那里 不紧不慢 你挂 或者不挂科 命运就在那里 不悲不喜 让我背到考题 或者 让考题住进我的心里 默然 淡定 寂静 欢喜

这时，再不存在什么信息传播的中心，再没有什么纯粹单向的信息交流，人们在去中心化的传播网络中，自由地创建内容，完成双向或多向的沟通。只要你的粉丝数量足够多，你就可以像记者那样发表稿件，像作家那样发表小说，像画家那样发表画作，像分析家那样对经济形势指手画脚。微博作为一种媒体带给每个信息发布者的，不仅仅是方便，还有强烈的自我满足感！

微博使媒体平民化、大众化——人人都是新媒体

因为人人都可以发布，因为发布的便捷，从某种意义上说，每个独立的个人在微博上都具备了媒体的特征。当然，你发布的信息能传播多广，你个人所代表的"媒体"有多大影响力，在很大程度上取决于关注你的粉丝有多少。

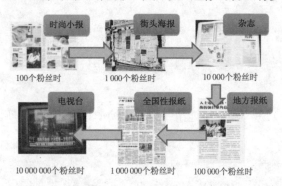

在微博时代，如果你有100个粉丝，你就像一个小规模报纸的编辑那样，可以在朋友圈子里享受被尊重、被阅读的乐趣。如果你有1000个粉丝，你就像是街头海报、大字报的创作者那样，可以把你的声音传递给相当数量的人。如果粉丝数到了1万，你就会有创办一家杂志的成就感。如果你有10万个粉丝，你发出的每条微博就像刊登在地方性报纸上那样受人瞩目。当你的粉丝数增加到100万，你的声音会像全国性报纸上的头条新闻那样有影响力。假设你有1000万个粉丝，那，你是不是会觉得，自己就像电视节目的播音员一样，可以很容易地让全国人民听到自己的声音呢？

2010年10月1日，"嫦娥二号"卫星和火箭在西昌卫星发射中心顺利升空，腾讯网首次利用腾讯微博以及独有的腾讯西昌网友前方报道团资源，全程互动直播了本次奔月活动，开创了微博互动直播月球探索大事件的先河。在这次直播中，普通网民像新闻记者、新闻播音员一样，直接参与了重大事件的新闻播报。据腾讯微博项目负责人、腾讯网常务副总编辑李方介绍，本次报道共有400余名西昌网友、记者和专家参与，报道了"嫦娥二号"发射前、发射中、发射后的盛况。网友们不断发布有关发射场情况、现场照片、火箭点火起飞等信息的微博。据统

计，"嫦娥台"微博报道团累计发出15 000条微博，数十万网友参与讨论，先后有
1 800万人次收看微博台直播。可以说，在腾讯微博的奔月活动直播中，普通网民
借助微博平台，起到了"个人媒体"的作用，具备了媒体传播源的特征。

不知道大家注意到了没有，在微博平台上，有一类草根账号特别受欢迎。
在新浪微博人气排行榜上，"冷笑话精选"、"精彩语录"、"我们爱讲冷笑
话"等账号的粉丝人数都在一两百万的数量级，无数微博粉丝以读冷笑话、转
冷笑话作为自己的主要网上娱乐。

如果是在传统媒体时代，大家能够想象，一份期刊杂志以段子、冷笑话这
些生活中寻常可见但又不登大雅之堂的内容为主并受到如此多的追捧吗？大家
能够想象，下面这些冷笑话的原创或改编者，如果没有微博，他们还能找到这
么有魔力的发布平台吗？

冷笑话精选：如果我打算要两个小孩，30岁前生完，小孩相差三岁，那
我27岁就得生第一个，26岁就得怀孕，想怀孕之前二人世界两年，那
我24岁就得结婚。想订婚后，见家长、旅行、准备婚礼用一年时间，那
23岁就得订婚。订婚之前怎么也要拍两年拖，那21岁就要遇到这个人。
拍拖前怎么也得先做一年朋友，那我现在应该已经找到这个人了⋯⋯

我们爱讲冷笑话：Sdo share：我比郭敬明高，比博尔特白，比小沈阳
Man，比郭德纲帅，比刘欢脖子长，比巩汉林结实，比刘翔痘少，比
曾哥唱歌在调，比周杰伦吐字清楚，比布拉德·皮特中文说得好⋯⋯
看到自己比这么多明星都优秀，不由得内牛满面⋯⋯

我们爱讲冷笑话：# 冷兔晚安时间 # 很久很久以前，有一只流浪的小狗，
它为了维持生命在街上四处寻找食物，它穿越了无数的城市走遍了大
街小巷最后它来到了一个沙漠前，它想穿越沙漠于是它就走啊走——
走啊走累得口干舌燥最后它终于躺下了说了一句话：我怎么累得跟狗
一样？⋯⋯晚安童鞋，冷兔和乃们明天见！

不同的人，不同的心情，不同的时间，不同的需要，在微博上发布的内容
就会千差万别。因为微博给了人们一个更简单、更快速的信息发布平台，在微
博这个新媒体上，内容的差异化程度也远远超过其他媒体。正因为如此，微博
上每个人都有可能成为一个成功的"媒体"，每个人都是发布的主导者，都有

可能影响一大批受众。

就像传统媒体可以帮助企业推广和营销企业品牌那样，因为微博让每个人都有了成为"媒体"的可能，可以发布信息，推介自己，微博有史以来第一次成为了一种人人都可以掌控的品牌营销工具。在新浪微博的人气榜上，不仅仅有姚晨、小S、赵薇这些演艺明星的名字，有潘石屹、任志强这样的地产大亨，有郭敬明这样的新生代作家，有易建联这样的体育明星，还有冯小刚这样的著名导演。这些人气明星们在新浪微博所经营的，就主要是他们的个人品牌。

而且，在微博时代，个人品牌很可能会超越企业品牌，成为大众瞩目的焦点。在微博上，个人品牌之所以比企业品牌更有优势，是因为：

- 企业的官方微博账号往往是由企业公关部门维护的；而个人微博账号更具有个人特点。
- 企业微博通常对言论发布十分谨慎，往往只有单一的声音；而个人微博发布言论时，相对随性一些，具有多元化的特点。
- 企业微博往往以推广公司品牌、产品、服务为目标，而个人微博则多以表现自己思想、增加影响力为目标。

因此，个人微博相对于企业微博，受粉丝信任的程度通常更高一些。

例如，2010年年底，360公司董事长周鸿祎在新浪微博上就拥有50多万个粉丝，受关注程度远远高于360公司及其产品在微博上的官方账号（如"360安全卫士"官方账号在2010年年底只有不到9万名粉丝）。在这种情况下周鸿祎通过个人账号在微博上发出的声音，其传播的深度和广度会远远强于"360安全卫士"的官方账号。在微博这个大平台上，周鸿祎的个人品牌价值明显超越了企业品牌。类似这样的例子还有很多，许多大企业的领导者都在微博上拥有个人账号，而且聚拢了相当的人气。企业领导者的个人账号既具有个人特色，又有较高的可信度。一个公司的微博往往是公关部门经营的，相对谨慎、一元化，而且以推销公司品牌和产品为己任。相比之下，网民更愿意追随企业领导的个人微博。所以，在微博时代，因为微博平台更有利于个人品牌的经营，许多企业的领导者都会选择先经营个人品牌，再通过个人品牌提升企业品牌的做法，即企业品牌的营销往往会通过个人品牌的经营来完成。

微博增加了内容的真实性——呈现最真实的自己

除了内容发布门槛低以外，微博的另一个特点是真实性。这个特点其实也源于微博内容发布的简单、便捷。

试想，当我们认认真真地撰写一篇博客长文的时候，大多数人都会在脑子中经历构思、写作、润色的过程。不能说写出来的东西不真实、不自我，但至少，这样写出来的东西，在很大程度上是被书面化或模式化的，是经过刻意修饰的，离生活中那个最真实的自我有很大的距离。此外，发布博客文章的时间较长，博客文章又允许修改，人们总是会在深思熟虑后，才把文章公之于世，发现问题又会及时修正，这种深思熟虑和小心谨慎带来的结果，往往是人们在文章内容、风格上有意无意地为自己戴了一副面具。

但在微博上，因为每条微博只需要一句半句，不到140个字的篇幅，发微博也只需要不到一分钟的时间，而且可以随时随地想发就发，这样写出来的东西，大多不会经过人们的刻意修饰，或者因为思前顾后而戴上形式化的面具，在表达上通常也不会过于矜持和含蓄。此外，发在微博上的东西不能修改，只能删除，再加上每个人每天都会发好几条微博，因为发布数量多，不可能每一条都字斟句酌地可以掩饰自己的真性情。因此，想说就说，这种率真、直白的表达方式很容易成为微博的主流风格，而这种表达方式带来的直接后果，就是每个人都会在自己的微博上，或多或少地流露出一个真实的自己。比如说，一个企业的领导或影视明星，每次面对记者的发言、问答都是经过公关部门多次修饰、准备的。相对来说，他在微博上的发言不太可能有这样的"包装"，因此更能够呈现真实的自己。

这个道理其实类似于我们在日常生活中交朋友。如果我们每天只看一个朋友写的文章、博客，看他的长篇大论，我们也许会喜欢和欣赏这个人，但又总不免会怀疑，我们看到的他或她，是不是和生活中的他或她有一定距离？一个常见的现象是，总是读一个人的文章，但又总无缘晤面时，对他或她高山仰止，一旦有机会见面细聊，才恍然大悟，原来，这个人在生活中是那么平常，甚至还有这样那样的小脾气。原因很简单，只有当我们和朋友坐下来一起闲聊时，彼此之间才最放得开，说出来的话也最朴实，最能反映自己的本来面目。

与博客等传统展示方式相比，微博更近似于朋友聊天。因此我们说，在微博上，我们每个人都更接近真实的自己。

另一方面，微博上的用户大多使用实名或接近实名的昵称。这是因为，微博是一个社会化的媒体，像社交网站一样，如果你不用实名，或不使用你所有朋友都熟悉的昵称，你就很难让你的朋友找到你。这种实名或半实名制带来的好处同样是拉近了人与人之间的距离，让微博内容的真实性更强。同时，微博服务商提供的身份认证功能，也进一步强化了微博的真实性。此外，那些知名企业的领导者，或演艺明星等知名人士，如果在传统媒体上发布信息，通常会有公关部门帮他们把关，能说什么，不能说什么，怎样说，都有细致的规定。而一旦上了微博，在微博上实时发言，一天十几次发出自己的声音时，就不大可能有时间仔细斟酌权衡了。这时，他们在微博上发出的声音，往往更接近于他们自己。

拿我自己来说，自从我上了微博，很多朋友还有很多学生见了我之后，都会对我说："以前总以为开复老师是一个诲人不倦、不苟言笑的师长，可自从看了开复的微博才发现，开复也有一颗童心，开复也有风趣、幽默的一面。有了微博，一下子觉得，开复老师离我们的距离更近了。"

的确，在微博上，我可以比接受媒体采访或者写博客文章时自由不知多少倍。比如，在离开谷歌前后，我就在微博上讲我和谷歌员工间的趣事：

李开复：某天 TGIF 之前，有人警告 yuhuan 说，太太生小孩后当爸爸的会很辛苦。这时我过来帮助这个未来爸爸想办法如何逃避劳动。我说，最大的秘诀就是要让太太喂母奶，这样当爸爸的就可以很无辜地说：我也想夜里起来帮你喂奶，可是你看，我又没有。

我可以用调侃的语气澄清不实报道：

李开复：今天一篇报道，说我见了 12 个投资人拿了 8 亿美元（！）做投资。这样我快可以开银行了。

我还经常在微博上转发和评论我喜欢的幽默图文、冷笑话。熟悉我的人都不难发现，我在微博上表现出来的我，更加接近生活中的我。

在地产大亨任志强上微博前，公众对他的认识大多停留在呼风唤雨的地产界名人、口无遮拦等方面。因为任志强在电视上露面时，总是不苟言笑，又经常口出狂言、一语惊人，沟通的方式还有一点点"粗暴"，他常被称作"任大炮"。大多数公众都会觉得，任志强或者其他类似的地产大亨，一方面离自己的生活很远，另一方面又和高房价等普通老百姓怨声载道的社会现实联系在一起，公众不能不对任志强有这样那样的误读。例如，说任志强不顾百姓死活，说任志强操纵楼市等等，很多人对任志强都是一个反感甚至憎恨的态度。为此，甚至连任志强自己都自嘲说："我是中国人最想揍的第三个人"。

直到任志强开设了微博，并在微博上继续他那率真坦白、口无遮拦又不乏幽默的话语风格，而且平易近人，网友无论说什么都不生气。人们才发现，原来任志强也是一个有血有肉的性情中人，也有自己的生活，有自己的喜怒哀乐。原来任志强说的那些类似"炮轰"、"大嘴巴"的言论，其实往往都很有道理，而且，从另一方面衬托出了任志强敢说敢做的性格。

例如，看下面这条微博，大家一定不会把任志强和公众眼里曾经误读的地产大亨联系在一起。

任志强：不是没给讲课费吗？还要倒贴啊？ //@ 王巍 w：老任，我能收点回扣么？女粉都奔你去了。 //@iloveke_e2w：老任太可爱了，爱死老任了。 // @ 任志强：动物凶猛，请勿靠近！ //@ 王巍 w：周日在天津，@ 任志强 在博物馆与 80 后讨论，唇枪舌剑，毫不客气，根本不拿自己当老头。有个提问者战战兢兢的，语无伦次，似乎老任要脱鞋砸人的样子。

而且，在微博上人们逐渐发现，任志强关于房地产市场的很多预测，都被后来的市场发展证明是对的。任志强的言论虽然直白和情绪化，但他说的往往都是真话。难怪有粉丝在微博上评论说：

他只是个爱说真话的小男孩。

任志强开设微博后，他并没有对自己进行过任何刻意的辩护，也没有太多公关、营销的痕迹。但不得不承认，许多人看了任志强的微博后转变了看法，开始接受甚至有点儿喜欢上了这个爱"炮轰"的地产大亨。

歌星王菲的例子也很有趣。在一般歌迷心中，王菲是不折不扣的"冰山美人"，属于那种遥不可及的天后偶像。不但平时和歌迷的交流较少，就连在自己的个人演唱会上，王菲除了唱歌以外，都惜字如金，只说"谢谢"等少得可怜的几句话。因此，歌迷和普通观众对王菲总是抱有一种神秘感，觉得她是个很有个性、很难接近的人。

2010年6月，突然有消息在歌迷中传播，说是王菲用了一个奇怪的马甲，在新浪开微博。流言越传越广，连香港媒体也煞有介事地作了报道。一夜之间，那个名叫Veggieg的新浪微博账号涌现出了数十万的粉丝。在得知自己被曝光后，Veggieg在微博上套用《梦醒时分》的句式说：

Veggieg：歌中唱道：早资道暴露总四难免的 你又何苦一网情森～～

随后，为一睹王菲风采而涌来的歌迷、媒体记者们发现，Veggieg在自己的微博上不时地流露出各种不为人知的真性情。例如，她的微博更新非常活跃，她喜欢写谐音的别字来模仿有趣的口音，她经常为坏天气或是生病而发牢骚，也经常为朋友们送祝福，她和朋友们在微博上特别"贫"地开玩笑，和赵薇等明星在微博上家长里短地对话，她经常在微博上转发有关慈善、救助的微博，也经常发布有关佛法、修行的信息……甚至像普通影迷一样，看了《让子弹飞》，就发一句自己的感想：

Veggieg：纸弹飞得飞快 都有点儿跟不上趟儿了～我爱葛优 一如既往～

从这个叫Veggieg的微博账号里，人们似乎真切地看见了生活中的那个王菲，一个不再是"冰山"，不再有距离感的王菲。

有时候，连做了坏事的人，也会不由自主地在微博上流露出自己真实的一面，使自己的丑行大白于天下，"方舟子遇袭事件"里的肖传国就是其中一个典型案例。2010年8月29日傍晚，互联网"打假斗士"方舟子在新浪微博透露，他在北京住所附近遭歹徒袭击受伤。后来的事情大家都知道了，方舟子是因为揭发和质疑原华中科技大学教授肖传国的肖氏反射弧手术，而遭到肖传国买凶报复。案件本身并不复杂，但其中最有趣的是，当方舟子遇袭报案，而肖传国及其帮凶还逍遥法外的时候，肖传国竟忍不住通过自己的微博，流露出了蛛丝马迹。9月15日，肖传国在微博上说：

肖传国：刚看到方舟子和律师悬赏 20 万，哑然失笑：反正没人领，何不大方点 200 万？邪恶奸诈配上愚蠢歹毒，这一对倒真相得益彰。本来这遇袭闹剧只想看看热闹，这一对蠢货居然公开挑衅，那就花点时间彻底揭露。归心似箭！哈哈

这条微博难免让读的人遐想联翩。一个牵涉在方舟子打假案中的利害关系人，在这个时候幸灾乐祸，得意忘形，不知道葫芦里卖的是什么药。9月16日，肖传国又在微博里说：

肖传国：在这阿根廷首都三天做了六台肖氏反射弧手术，同时还要给在电教室观摩的近百位同行讲解。今天电视台采访，明天还要直播。这都不是问题。习惯了。 问题出在手术室护士们：完全不懂英语，你让她递刀子她递剪子，你要镊子她递上锤子——哪像国内护士我手一伸就知道要什么。嗯，怎么扯到锤子啦？:-)

这一次，连行凶器械"锤子"都写在微博里了，这不是此地无银三百两吗？果然，事情的发展很快印证了网友的推测。9月21日，肖传国在上海浦东机场被警方抓获。自作聪明的肖传国在落入法网前，已经不经意地由微博这个真实性最强的传播平台，将自己的阴谋暴露于天下。

因为真实，微博可以成为一个人一生的记录。在很多年以后，人们可以回过头来，翻看自己发布过的微博，从中可以看到自己曾经的幼稚，看到自己曾经的喜怒哀乐，曾经的感情和付出。从这个意义上说，具备了个人真实性的微博，可以成为我们每个人的：

- 日记：把每天的行踪和思想记下来。现在，我真的把微博当作一种记录，甚至有时候会回过头搜索以前记下的话，就像翻查生活的流水账一样。
- 遗产：微博记录了我们的一生，所作、所为、所想，可以作为遗产留给后代。
- 证据：我们的预测是否准确，我们的承诺是否兑现，多年后可以检验。
- 成绩单：回头看自己以前的微博，是不是发现自己现在比以前进步了、成熟了？

想象一下，如果两千多年前就有微博，那《论语》里孔子的每一条语录，是不是就一定会被孔子最先发布在他的个人微博上呢？那样的话，流传下来的语录一定更全，更详尽，甚至还有孔子三千弟子的转发和评论呢！假设爱因斯坦可以用微博，写微博，那么，我们今天看到的爱因斯坦，一定更加真实，也更加富有亲近感，而不仅仅是那个聪明绝顶，几乎凭着一个人的力量改变了人类对宇宙的认识的大物理学家。我们就会知道，爱因斯坦是不是也有普通人的烦恼、忧愁，我们就再也不用求助于传记作家去了解爱因斯坦的生平趣事，我们甚至可以知道，爱因斯坦生前是不是有过关于物理学发展的奇思妙想，哪怕只是一个疯狂的想法。

微博不但给我们这一代人带来了最真实的传播平台，也一定会给我们的后辈留下比以往所有记录都更丰富、更立体、更多个性色彩的历史。

微博传播信息的新模式——基于信任的病毒传播

在不同时代，信息的传播模式是大不相同的。在媒体出现之前，传统媒体出现后，以及微博这样的新媒体出现后，信息传播的典型模式经历了几次重大的变革。

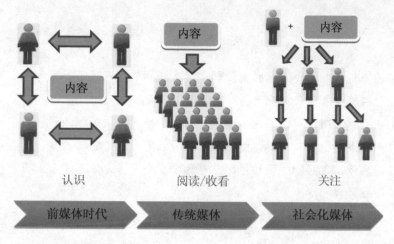

认识   阅读/收看   关注

前媒体时代   传统媒体   社会化媒体

在媒体出现之前的时代里，信息内容的传播是人与人之间，通过相互熟识的关系来传播的。这样的传播虽然慢，但是有很多好处。最重要的一点就是，传播是在熟人之间进行的，人和人因为相互熟悉或者相互信任而互通消息。因为信任，所以接纳并再次传递，信息的被接受程度比较好。

传统媒体出现之后，信息内容的传播是人们通过阅读、收看、收听之类的订阅方式，多个人从少数信息源获得信息的。这样的传播速度快，覆盖面广，但却丧失了前媒体时代基于信任关系的传播模式的优点。

在微博这样的社会化媒体出现之后，信息内容的传播是通过人与人之间的"关注"、"被关注"网络，一层层传播开来。这种传播方式既像媒体时代的传播模式一样覆盖面广、速度快，也像前媒体时代的传播模式一样，因为有信任关系的存在，信息的被接受程度比较好。可以说，微博平台上的传播模式综合了前媒体时代传播模式和媒体时代传播模式二者的优点。

一个吸引人的信息内容一旦在微博上发布出来，首先看到信息的粉丝就成了这种"病毒传播"的第一级传播通道，按照一个人平均有100个粉丝计算，被自己的第一级粉丝中的10％也就是10个人转发后，就会增加1 000个人读到该信息。如果这1 000个人中再有100个人转发，那要不了几层，信息被阅读次数就会轻松达到数万、数十万甚至数百万。

简单地说，在微博这个社会化的媒体中，内容的创建者和内容通常是联系在一起的。你的关注者是基于信任才在那么多信息发布者中，筛选收听你发布的信息内容。这种筛选与微博本身实名/半实名的特性、微博的人性化特征、微博的实时性综合作用，造就了微博基于信任链的传播模式——我们把这种模式称为基于信任的"病毒传播"。

什么是病毒传播？

病毒传播源于病毒式营销，通常指在互联网上，利用普通网民之间口口相传、相互转发的口碑式传播渠道，快速而有效地把要推广的信息、品牌或产品发布到千百万普通网民，其传播效应就像病毒感染一样，一旦成功发起就私下蔓延，快速复制，在极短时间内获得最大的传播效果。

2010年年底，一个名叫小阳鑫的婴儿在新浪微博上引起了大家的关注。小阳鑫得了怪病，脸上溃烂出了许多大洞。小阳鑫的父母不知道这是什么病，当地县医院也没有好的救治方法。无奈之下，父母托人发微博求助。看到小阳鑫的病情，微博上的网友们震惊了，无数人开始转发求助微博，消息以一传十十传百的速度在微博上快速传递。很快，新浪微博人气榜上排名前列的明星姚晨、赵薇、王菲等都加入了转发的行列。数以百万计的网友通过微博了解到了事情的经过。许多人在微博上发起募捐活动，很多人提供最好的医疗建议，也有热心人帮忙联系医院床位。最终，小阳鑫住进了北京儿童医院，经确诊，他得的病是结节性脂膜炎。因为微博的帮助，小阳鑫很快得到了最好的治疗。

在小阳鑫求医的这个例子中，最初的信息发布者的粉丝并不多。但他们的朋友基于对他们的信任，相信他们提供的信息不是网上常见的求医骗局，就帮忙转发。当转发链到达了微博上最有影响力的一群人如姚晨、赵薇、王菲等那里，这些有影响力的人同样基于对信息源的信任，在最短的时间内完成信息的再传递，把内容传播给数量级大得多的粉丝/听众。这个传播过程非常好地阐释了基于信任链的病毒传播的特点。

在湖南卫视《快乐男声》2010年总冠军诞生之夜，评委郑渊洁和李承鹏分别在新浪微博上对三个选手的支持率进行统计，引来"快男"粉丝们的疯狂爆转。郑渊洁的微博说：

郑渊洁：我今晚 7:30 作为评审团成员参加湖南卫视快乐男声总决赛直播。我现在想了解李炜、刘心和武艺这三位选手谁的支持者数量多。支持刘心（李炜／武艺）的请转发此帖，我按本帖转发量计算刘心的粉丝数量。

李承鹏的微博说：

李承鹏:今晚,我,顺手快男"跨界"评委一个,为示不滥用打分权力,尊重决赛三选手的工作,我想走个群众路线,这里请他仨的粉丝在我博抢先陈述自己偶像优势,我视其质以及量,由群众来决定我的选择,我先抛砖引玉:我欣赏刘心(李炜/武艺)的坚强和原创!你呢?

截至9月10日20:00左右,他们的微博转发数最高已经突破1 370 000条,评论数最高已超过27 000条。郑渊洁和李承鹏的微博似乎已经超越了电视节目本身,成为网友们关注的新焦点。这种利用微博征集民意,以此扩展传统媒体功能的做法,恰恰显示了微博传播相比于传统媒体的巨大潜能和微博草根用户的高度活跃。

我在微博上的粉丝也以百万计。那么任何由我发布的信息内容几乎立刻会被数十万乃至数百万人读到。从传播学的角度,我的位置是一个最快到达一定数量受众的优势信息源。有一次,我在微博上引用一位朋友Maggie(她当时还没有开通微博)的话:

李开复:来自一个很有智慧的朋友:人会失去,最终来说,甚至包括生命。然而,危险所在之处,也生成着拯救。终极的拯救,不是免于失去,而是免于恐惧。

很多网友转发和评论这篇微博,说明这句话在很多人心里引起了共鸣。当Maggie开通微博后,我又通过微博向大家推荐她:

李开复:这位很有智慧的朋友开博了,大家去看看吧:@beijingmaggie微博。

结果,Maggie的粉丝数量在两个小时内增长到了一万多。这说明,当你的内容足够吸引人,且有微博传播链上有影响的人帮你推介转发时,你发布的信息内容可以马上受到相当数量的粉丝关注。正是因为我的粉丝对我的信任,他们才对我推荐的人也给予类似的信任和关注。

这只是个人推广的例子。同样的道理,微博传播链上,许多商家利用微博进行的品牌推广,也是利用了病毒传播的原理。例如,凡客诚品(VANCL)在2009年就巧妙地利用微博,进行了一次促销推广活动,"尽享50款完美圣诞礼29元起,选你所想挑你所爱"。这种商品推广与传统媒体上的广告很不一样的一点是,如果你的商品的确受人喜欢,那么,微博上的用户会自发通过微博为你做广告。一旦一些有影响力的用户开启了病毒传播链，那么，他们的关注者基于对他们的信任，会把这个病毒传播链迅速延伸和扩大下去。从这个角度说，微博上的成功商业推广，大都是基于信任链的，由微博用户自发参与的病毒营销。

　　基于这样的传播链，微博主的角色也有了新的定义。例如，在我发微博、写微博的时候，我的角色更像一个记者，但在我转发别人的微博时，我的角色更像一名编辑。转发的时候，我会基于对原始信息发布者的信任关系，负责任地向我的粉丝推介信息，我也会适当添加我的评论，以便加速信息的传递，或者使信息更完整。这些工作，都与传统媒体的编辑非常相像。这种记者/编辑混合身份的模式，代表了一种自发组织的群众智慧，反映出社会化媒体的基本特征。

　　当然，理论界也有一些不同意见，对微博是否是真正的媒体，能否取代记者、编辑有很多质疑，一些理论研究者、媒体工作者还专门就此通过文章或微博与我展开讨论。

　　我想，就像互联网没有取代报纸、杂志，电视机没有取代收音机那样，微博作为一种新的社会化媒体，和传统媒体乃至博客、维基等上一代网络媒体之间，仍然是互为补充的关系，不可能取代以往的媒体形式。但从影响力的角度说，微博必将担负起传统媒体所不具备的那部分功用，这种新媒体的力量也一定会逐渐得到所有人的重视。

　　例如，微博通过实时信息搜索，可以有效提高信息传播效率。举个例子，在2010年年底，只要在新浪微博上搜索"#让子弹飞#"这个话题，就可以轻松地浏览全部与电影《让子弹飞》相关的微博讨论。

什么是微博话题和"#"号标记？

因为微博实时性强的特点，在一定时间内，微博内容有集中讨论某些热点话题的倾向。人们为了方便查找、搜索同一个话题，就用"#"号在表示话题的关键字前后进行标记。微博服务通常会用不同颜色显示话题关键字，且直接附有搜索链接。这样，在时间流中寻找同样话题，或者在微博搜索中搜索话题关键字，就非常容易了。

　　微博上所反映出的热门话题趋势，也是微博比传统媒体更有优势的一个地方。例如，在2010年12月新浪微博的话题推荐榜上，可以看到以下这些热门话题：

- 交换圣诞礼物
- 《非诚勿扰2》
- 养老金提高

- 《让子弹飞》
- 年终总结
- 股市
- 广州车展
- 林正刚微访谈

大家可以随时登录http://t.sina.com.cn/pub/hottopic查看最新的新浪微博热门话题。

有了实时、高效和病毒传播的特点，微博类的社会化媒体必然会蚕食掉传统媒体的一些领地。很清楚的一点是，人们正把越来越多的时间花在微博上，这对报纸、杂志等传统媒体提出了挑战。

微博让信息阅读更个性化——可以定制的新媒体

作为一个社会化媒体平台，微博上的每一个用户事实上扮演着双重身份。他们既是信息的发布者（或传播者），也是媒体的受众，因为每个微博主不只是发布信息，还要花大量的时间，阅读微博上他们关注的信息内容。

对于信息阅读者也就是受众来说，微博同样呈现出了与传统媒体不同的特点，其中最重要的一点就是——个性化。

阅读传统媒体时，例如我们打开电视，打开一份杂志或报纸时，每个人看到的内容都大同小异。虽然有不同的电视频道，不同的杂志、报纸可供选择，但这种选择是单向的、预先决定的，每个人还是无法定制自己想看的具体的信息内容。互联网出现后，人们曾经用各种方法，尝试解决信息阅读时的定制即个性化问题。

在门户时代，雅虎的个性化门户页面就做得很不错。雅虎的用户可以通过拖放栏目的方法，自行定制首页的版式，以及首页上要显示的信息内容。在博客时代，一种叫RSS的信息聚合技术曾经被人们寄予厚望，因为利用这种技术，每一个网络信息的读者，都可以自己选择自己想看的RSS源，而每个RSS源对应于一种特定的信息类型，类似于一个网络信息的频道。当人们在RSS阅读器或阅读网站中，配置好所有RSS源之后，他每天看到的新鲜内容，就是定制的、个性化的。

应当说，个性化首页，以及RSS自动聚合的思路都很棒，但迄今RSS的应用还只限于部分比较高端的用户，个性化的门户首页在国内也没有普及。在微博出现之前，国内的很多用户在上网时，还是习惯先打开门户网站的首页，然后，从编辑们预先编排好的内容中，选取自己想看的信息。个性化首页或RSS技术并没有从根本上改变这种被动阅读、非个性化阅读的事实。

微博的出现，为信息阅读的个性化提供了一种有趣的、行之有效的解决方案。在微博里，人们根本不用关心什么RSS聚合技术，也根本不用去想自己需要的到底是什么样的RSS源，更不用费神去网上寻找合适的RSS源地址，再费神地把地址一个个输入到自己的RSS阅读器中。

微博很简单地使用了社交网络以人为本的概念 ——只要你选择关注谁就行了，你关注的人通常就是你喜欢的信息类型的发布者，那么，你每天查看你所关注对象的微博时，不就是在阅读一份完全为你量身定制的报纸吗？

拿我自己来说，我在微博上关注了一百多个微博主。我简单统计了一下，这些微博主大致可以分成以下几类：

- 我在创新工场的同事
- 业界老总、投行、专家、评论家
- 媒休记者、编辑
- 朋友、前同事
- 冷笑话、段子等草根媒体
- 头条新闻、科技新闻
- 媒体频道，如CSDN等

这样一来，每天当我打开我的微博首页，这些微博主的微博更新就会自动呈现在我的面前。从每一类不同的微博主的更新那里，我可以了解到不同的信息：

- 从我在创新工场的同事的微博那里，我可以看到他们的想法，以及他们的工作、生活情况，让我了解到平常在工作中不容易了解到的一面。
- 从业界老总、投行、专家、评论家的微博那里，我可以读到最新的业界动态分析、产业趋势预测、投资动向、他们的决策和选择等。同时，因为和我自己的职业相近，我也会关注他们平常在想些什么、做些什么。
- 媒体记者、编辑的微博可以帮助我起到新闻内容过滤的作用。因为他们拥有庞大的信息源，我也相信他们看待新闻事件的眼光，所以，他们推介或转发的内容，往往就是我真正关心的内容。
- 从朋友、前同事的微博，我可以知道他们的近况，最近在忙些什么、心情怎么样。虽然很多朋友不常见面，也不常打电话，但还是可以通过微博保持联系。
- 冷笑话、段子等草根媒体的微博既为我了解网民中的流行热点提供了很好的信息源，也给忙碌的一天带来了一些轻松的点缀。

- 头条新闻、科技新闻等微博是快速阅读一天的新闻事件的好地方。
- 媒体频道，如CSDN等则为我提供了科技、财经等各类专业新闻、评论的信息源。

例如，下图所示就是我在某个时刻看到的，我的微博首页里的部分内容，其中就同时展示了我关注的好几类不同信息：

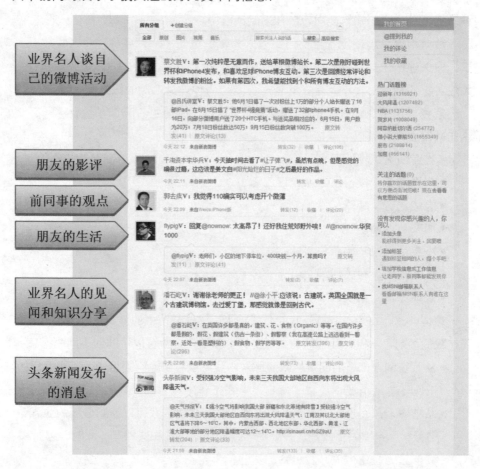

可以说，我的微博首页就是为我定制的一份"报纸"，虽然我没有像使用RSS阅读器那样小心地选取信息源，只是在微博中关注了我喜欢的微博主，但我在微博上每天看到的新内容确实是被有效筛选和定制过的，绝大多数都是我真正需要的信息。

因为对人的"关注"，从而在实质上"关注"了自己最需要的信息内容。当关注的对象足够多时，每个微博用户在微博阅读到的内容，就是一份完全定制、完全个性化的"个人报纸"了。人们在使用微博时，甚至可能没有留意过这种对内容的筛选过程，大多数人会以为"加关注"的过程不外乎是在微博上寻找朋友。但事实上，找到了朋友，就找到了个性化的信息源，无形间，每个微博用户都对自己的微博首页做了极富个性化的定制。在微博上，这种根据关注什么人来定制内容的过程更简单，也更有效。

另外，因为"关注"关系是人为选择的结果。如果你关注的对象发布的微博内容质量高，那么，你就会越来越喜欢读该微博主的内容。反之，如果关注的对象开始写一些垃圾内容，使得你无法容忍时，你只要简单地"取消关注"，就可以避免垃圾内容的泛滥。这也是个性化定制的一部分。

从这个角度就不难理解，为什么越来越多的朋友在上网时，开始喜欢直接打开自己的微博页面并在其间流连忘返了。

微博满足了最基础的需求　　生活因微博而完整

信息传播也好，媒体也好，归根结底是为了满足人们的生活需求。一般说来，一个人的需求可以被概括为五个层次：

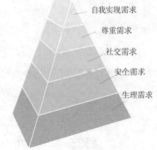

- **生理需求**：吃喝住行的需求
- **安全需求**：生活有安全保障，有安全感的需求
- **社交需求**：与朋友交往并从中获得帮助的需求
- **尊重需求**：在社会交往中受到他人尊重的需求
- **自我实现需求**：在社会交往中，实现自我价值，扩大自我影响力的需求

这五种需求，从最低的满足层次，到最高的满足层次，都是每个人客观存在的基本需要。各类媒体在满足人们基本需要方面，扮演了信息提供者、信息发布者、知识引导者、潮流引导者等不同的角色。但相比之下，传统媒体对于满足高层次需求，比如社交需求、尊重需求、自我实现需求等方面，往往力不从心。道理很简单，传统媒体是少数信息源对多数人的传播方式，当人们自己无法参与、控制信息内容的制作时，高层次的需求就很难得到满足。

微博的出现，让人们通过社会化媒体来满足高层次基本需求成为了现实。

首先，微博本身就是一个大的社交网络，在微博上，很容易依靠"关注"和"被关注"的链条，实现交朋友或与朋友互动，从而满足人们的社交需求。

例如，对于你喜欢的微博主，你可以通过"关注"他/她而成为他/她的粉丝，也可以直接评论、转发他/她的微博，或直接在微博中用"@"提到他/她，实现与他/她的互动。反过来，其他网友也可以通过"关注"你而成为你的粉丝，并评论、转发你的微博。如果已经关注的微博主越来越多地发布你不喜欢的内容，你也可以随时"取消关注"他。甚至，对于讨厌的网友，你还可以把他"加入黑名单"，禁止他查看和评论你的微博。微博的这些功能特性，为我们在微博上完成各种社交需要提供了最大的便利。

其次，因为微博允许每个人创建自己的内容，这种创建和发布本身就是赢得更多粉丝和更多尊重的过程。只要你的内容足够好，你就很容易赢得尊重，微博并没有为任何人设置门槛或障碍。你的内容被转发和评论得越多，你受到的尊重程度就越大。在微博上，有些人经常会和朋友互比粉丝数量，向别人炫耀自己的粉丝有多少。其实，就是一种满足虚荣心的表现。

更进一步，当你的粉丝数量足够多，当你在微博上的影响力足够大，你可以用微博来发表作品，可以通过微博传播自己的思想，也可以通过微博发出希望大家听到的声音。比如，我自己就把我帮助青年学生的阵地，从"我学网"搬到了微博上。也就是说，你在微博上不再仅仅是一个被聆听、被关注和被尊重的个人，你有机会实现更多的自我价值，真正让自己的影响力最大化。

有很多普通人，因为用了微博，自己的感人故事被千万人所知道，自己的声音也被千万粉丝所熟悉，他们的自我价值通过微博得到了放大。例如，在2010年12月拉开大幕的"中国网事·感动2010"年度网络人物评选活动中，一些曾引起社会广泛关注的新浪微博红人顺利入围：

- "微博调解员"柏万青：她无官无职，擅断琐碎家务事；她有爱有恨，铸就品牌"柏阿姨"。柏万青，位卑未敢忘忧国，调解工作从网下做到网上。
- "练摊帝"包正忠：他是一个来自农村的"穷小子"，在熙熙攘攘的夜市，他用一个两平方米的小地摊再一次证明了勤劳致富的朴素真理。
- "最美"洗脚妹刘丽：她早早辍学、外出打工，挑起家庭重担；她是"洗脚妹"，却用微薄的辛苦钱，资助贫困生上学，她被称为"最美洗脚妹"。
- "芝麻拍客"刘远祥：他是拍客达人，却将镜头对准草根人物；他用DV记录芝麻小事，却感动万千网友。透过他，人们重拾质朴和善良。
- "微博男生"王凯：19岁的王凯在舟曲泥石流灾难中用微博记录成长。用最不专业的手机拍摄灾难，用最时尚的方式传递感动。
- 农民歌手"旭日阳刚"：沙哑的嗓音、赤裸的上身、凌乱的背景——农民工王旭和刘刚翻唱歌曲《春天里》的网络视频，虽然粗糙，但感动了无数网友。

- "微笑姐"吴怡：高挑的身材，温婉的柔情，彰显东方女性魅力；动人的微笑，勤奋的坚持，展现亚运志愿者风采。征服网友的，是满腔的赤诚。

像这样既平凡又不平凡的微博主还有很多。因为有了微博，他们的故事被网民传诵，他们的感染力和影响力也得到了最大化。

说起微博上交朋友，我自从开办了微博以来，与很多好朋友都是在微博上认识并熟识起来的。

例如，前面提过的，因为丢失护照而在微博上求助的王冉，我和他就是通过微博认识的。丢失护照事件发生前，我们只是在微博上互相关注。我逐渐发现，王冉是一个对产业界很有见地的人，他在微博上发表的许多有关互联网、媒体、投资等方面的言论，都引起了我的兴趣。而且，我和王冉在微博上，还就未来媒体的发展因为意见不同而发生过激烈的辩论。

当时，王冉注意到苹果公司iPad的出现，以及iPad/iPhone上基于应用程序收费的模式的成功，他认为，今后的媒体，今后的出版发行会向类似的方向发展，由出版商提供应用程序，根据内容的不同，向用户也就是订阅者收取一定的费用。传统网络上完全免费的内容提供方式将会逐渐淡出人们的视线。王冉通过微博说：

王冉：如果你执意停留在纸媒时代，iPad 当然不能拯救什么，但它给愿意迎新的纸媒人提供了一条通向未来的隧道。终端很重要，因为终端诱发习惯，习惯产生模式。

我和创新工场的汪华都不太同意这样的观点。我们觉得，虽然iPad创造了一种不错的媒体出版模式，尤其是在终端方面，但这与互联网的开放特性并不协调。出版商仍然需要拥抱互联网，探索新的运营模式。汪华说：

汪华：一夜间所有纸媒都视 iPad 为救世主。但 iPad 也改变不了他们灭亡的命运。他们转向 iPad 的时候，还是秉持着精英或编辑的内容路线，自上而下传播，订阅广告商业模式，孤岛的使用体验，话语权的把控，原封不动老一套拷贝。他们忘了如何在本质上败给 UGC、SNS、Twitter 的。iPad 的误导让他们不思改变，丢失变革机会。

我则一面转引汪华和王冉的观点，一面评论说：

 李开复：我谈的现象是：iPad 给了纸媒希望：恢复昔日运营模式，停止分享，圈起内容，用其品牌收订阅费。相反地，他们应该拥抱互联网，探索新运营模式。

通过这样的观点讨论甚至是争辩，我和王冉虽然不同意对方的观点，但都彼此尊重。后来，我们在一次晚宴上见面后，王冉亲自带领他的团队参观创新工场。再加上护照事件的帮忙，我们就这样成为了朋友。

我在微博上交的另一个朋友是天使投资人薛蛮子。薛蛮子是UT斯达康创始人之一，电子商务网站8848前董事长。虽然与我同样做天使投资，而且很早就听说过他的故事，但以前从来没有见过面。

薛蛮子上微博后，先是关注了我，然后又转发了我的一些微博并加了自己的评论。我看到了他的这些转发，觉得他的观点独到，也开始转发他写的微博。我们还会在微博上就某个问题展开讨论。有一次，微博上有人评论任志强时说：

 杜子建：【微研究】：就微博（公关）而言，从危机管理的角度看，其代表作为 @ 任志强，微博之前，几乎大部分人都对他不认可甚至反感，但自从老任微博以后，反过来几乎绝大部分人都开始接受并喜欢这个老头。【最大的奥妙是，此老从未为自己辩护，也未刻意公关和营销】。

我和薛蛮子都发现，这是个很有意思的话题。就这个话题，我们在微博上相互转发、评论。我对此问题的看法是：

 李开复：从微博认识一个人，比从媒体上认识一个人更精确、更真实。

薛蛮子则通过转发、评论，表示完全同意我的观点：

 薛蛮子：回复 @ 李开复：同意开复。//@ 李开复：从微博认识一个人，比从媒体上认识一个人更精确、更真实。//@ 薛蛮子：//@ 杜子建：个体化认知，更重要的是【直接认知】。这就看出真章了。

后来，我们在微博上发现，两个人都有一个习惯，就是差不多早晨5点钟起床，每天我起床的时候，也是他在微博上大写特写，用微博"刷屏"的时候。我开始跟他建议说，一次不要发那么多，多了，粉丝反而有可能觉得烦，就不看或者取消关注了。薛蛮子说他实在是忍不住不发。估计是他刷屏太多，竟然弄到脖子疼。后来，创新工场的一个同事还向他推荐了一个好的按摩师。

总之，在微博上的种种机缘，让我和薛蛮子逐渐熟识起来，通过彼此间的私信建立起了友谊。相约见面后，又发现彼此有很多共同点，比如，我的父亲和薛蛮子的父亲以前在重庆时，有很多共同的朋友。我们之间就产业、投资乃至互联网现象等话题，也有很多相近的观点。显然，通过微博认识的朋友比正式社交场合认识的朋友更有亲切感，也容易更准确、更立体和全面地了解对方。

其实，微博还能满足人们许多不同的需要。一个有趣的故事是微博上人家帮助王肇辉征婚的例子。王肇辉是我在创新工场的同事，英俊帅气，工作出色，但仍然是"孤家寡人"。有一次，一位朋友在微博上发了用手机拍的王肇辉的照片，并在微博里注明："新青年！"

创新工场的另一个同事随即转发并评论说："代@王肇辉征婚"。我看见这个转发，觉得有趣，就再次转发，并加上了我的评论：

 李开复：知道为什么肇辉依然单身么？……因为他约会总是带个灯泡（创新工场 logo）。

我本来是想和肇辉开个玩笑，顺带把他征婚的广告贴出去。没想到，一石激起千层浪，王肇辉征婚的消息，经过我的冷笑话渲染以及我的庞大粉丝群的转发，竟然成了当时微博上不大不小的一个焦点事件。无数网友给我或王肇辉回复，其中有不少令人捧腹的句子：

李老师，他带的是男灯泡还是女灯泡？

开复好奸诈，自己取了老婆，就故意把创新工场的 LOGO 设计成灯泡，哈哈。

哈哈。我想跟李先生商量个事，身边有不少大年纪的女青年，想到你的工场找老公呢，很想去参观。看好你们的人哦。

他估计没带电，碰到带电的就会脱离单身了……

要不开复老师给肇辉去非诚勿扰报个名？嘿嘿～

还有的好事网友发来了打油诗和《婚礼进行曲》的曲谱：

天涯何处无芳草,何必单恋一枝花。爱情种子遍地撒,总有几颗会发芽！灰太狼 GG 希望你能早日邂逅红太狼嫂嫂 O(∩ _ ∩)O5111– 5271– 514 432 171 2– 511 1– 5271– 513 531 326 1– 432 66 712 2– 432 66 712 2– 111 1– 527 1– 513 531 623 1– 623 1– 1– 你懂的。

王肇辉看到我"捉弄"他，就找机会"报仇"。两天后，他发微博说自己的睡眠多是因为年轻，而开复的睡眠少是因为年纪大了。王肇辉自以为找回了面子，没想到，我在回复他这条微博时，又再次利用"贪睡"这个特征为他征婚：

李开复：再次为肇辉征婚。描述：年轻、贪睡、贫嘴 //@ 王肇辉：2005 年时和开老师一起去各地大学，每天飞一个城市。每天早上 7 点多的航班，要 5 点起。上了飞机我就呼呼补觉，开老师却总是打开电脑写东西。他问我怎么总是睡觉，像个 baby，我回复："人的睡眠是随着年龄增长而逐渐减少滴。说明我还年轻。"开老师不语……

这次，不仅仅有围观和看热闹的网友，前来应征的粉丝也越来越多了：

 这个男人我要 😂😂

 @王肇辉 我喜欢你！😊

 应征，特点：年轻、爱吃、爱睡。

 转发此微博：我这有文艺女青年的存货！批发中！

 哦哦，原来应征的人那么多～这里要成为 NET 版的非诚了吗？本来也想报名滴，看样子排不上号了～

　　肇辉本人则接二连三地收到了热情粉丝的私信、电子邮件。甚至有女生直接打电话到创新工场联系王肇辉。在一场半开玩笑的微博征婚行动中，王肇辉一下子成了微博名人，实实在在地体验了一回微博的神奇。

今天你微博了吗

　　波普艺术的倡导者安迪·沃霍尔曾经预言："每个人都可能在15分钟内出名"，"每个人都能出名15分钟"。在安迪·沃霍尔去世的1987年，普通人还不知道网络为何物。但是，这两个从不同角度作出的预言，竟然如此契合地预告了以微博为代表的社会化媒体的到来。

　　真的如安迪·沃霍尔所言，在今天的微博世界里，因为微博本身的便捷、实时、可信、高效传播等特点，每个人在微博上，都有实现自己价值，让自己的声音影响世界的权利与可能。作为媒体的微博正深刻地影响和改变着我们的生活。作为媒体的微博，正把我们每个人，塑造成为新时代里的媒体英雄和传播明星。

　　怎么，你还在犹豫要不要用微博，要不要写微博吗？你不想成为微博这个新时代里的明星吗？

　　其实，微博就是这样一个为普通网友打造的个性化的、充满魅力的平台，每个普通人都有可能，也都应该在这个平台上展示自己：

- ●因为微博发布的便捷、实时，每个人，无论电脑水平高低，无论写作水平高低，都可以用微博、发微博。
- ●因为微博使"媒体"的概念平民化、大众化，每个人都可以在微博上发出自己的声音，都可以凭借微博提升自己的影响力。
- ●因为微博更容易呈现出真实的自己，每个人都会在微博上找到好朋友，也都可以通过微博尽情展示自我。
- ●因为微博的传播是基于信任关系的，普通人在微博上更容易获取可信任的信息内容，也更容易通过微博发布高质量的信息。
- ●因为微博让信息阅读更加个性化，普通人完全可以用微博来替代传统门户网站的许多功能，可以在微博上找到最适合自己的信息内容。
- ●因为微博满足了人们的基本需要，每个人都可以在微博这个平台上得到尊重和满足。

　　因为有微博，网络传播的社会化时代已经到来！

　　因为有微博，每个人都有可能，也都应当参与进来，让自己成为新媒体的创建者！

　　微博是一种态度，意味着走向更开放、更有想象力的人生！

MICRO-BLOG :
Changing the World
微博：改变一切

第四章 CHAPTER FOUR
开复教你写微博

很多人刚开始用微博时，都会有或多或少的困惑。例如：看别人在微博上说得热闹，可是不知道自己该说些什么好；写了很多，就是无法吸引别人的关注；上微博好长时间了，粉丝数量还是个位数……

正如前面所说，微博是个全新的社会化媒体。一方面，微博简便易用，随时随地都可以上手；但另一方面，用微博时也需要转换一下思维方式，别总是抱着发文章、发博客的旧思路不放。说白了，微博就是个以我为主，自由创建有特色内容，尽力吸引粉丝关注并广交朋友的一个大舞台。微博上那些最有人气，发布的微博质量也最高的人，通常具有下面几个特点：

- 有个性，有表现欲，会表达和展示自我
- 有社交魅力，有办法吸引大家的注意
- 有趣，不枯燥，不无聊，不人云亦云
- 提供最有价值甚至独家的信息
- 每天都更新微博，但又不是唠叨的"话痨"
- 经常和粉丝或其他网友互动
- 微博的内容类型比较多样，内容比例也比较均衡
- 在乎并理解粉丝想看什么内容，而不是一味地写自己想让大家看的
- 懂得如何巧妙推广自己的微博，但又不是自我吹嘘和卖弄

微博给每个人的机会都是均等的，只要真心投入，每个人都可以成为人气博主。其实，对微博新手来说，无论是创建高质量内容，还是吸引粉丝的技巧，都可以通过学习、实践来不断提高。

在这一章里，我就先来分享一下写好微博的技巧与经验。

做好准备

对微博新手来说，刚开设微博账号后，不要急着发微博。磨刀不误砍柴工，只有做好充分准备，你的微博之路才能更顺畅。

首先，要想好自己微博的定位，看自己能不能回答下面这两个问题：

- 为谁写微博？是为亲友写，为自己写，还是为某个特定人群（如旅游爱好者、投资界朋友、科技界朋友）写？
- 写微博主要为了什么？是为了记录自己的生活，为了社交交友，为了学习知识、技术，为了分享思想、经验，为了影响别人，为了展示自己，还是

为了休闲、娱乐？

回答了这些问题，你就会知道自己该写什么样的微博。比如说，如果是写给旅游爱好者，就多发布一些以前旅游的有趣照片，或者有用的旅游信息等；如果只是为亲友写，就可以随意些；如果想吸引粉丝、广交朋友、影响别人，就一定要学习写作和吸引粉丝的技巧。

互联网投资人蔡文胜在新浪微博上有上百万的粉丝数量，是IT业界最著名的微博主之一。蔡文胜说："我开始写微博是因为兴趣，后来就定义为个人的信息发布平台和个人形象展示。我受粉丝欢迎的内容是关于创业、投资和自己的人生经验分享。"

正是因为蔡文胜对自己微博的定位有清晰的认识，将微博当作个人信息发布平台和个人形象展示的场所，他在写微博和推广自己时，才能有的放矢地在自己最熟悉的投资、创业等领域，分享对网友最有价值的信息。比如下面两条微博都引起了粉丝的很大关注，转发和评论数量非常多：

蔡文胜：今天见一创业者，我问他：你认为做企业未来的风险是什么？他回答："风险可能有很多，方向性错误、现金流不足、人才流失、同业恶意竞争，但这些都可以努力去避免和克服。最担心的是政策风险，因为这是无法预料的。"仔细一想他的话有点道理，在中国做互联网，政策风险应该算为无法抗力的风险之一。

蔡文胜：一个人最得意的事情和最痛苦的事情，只能埋藏于心底，无法与外人道。因为最得意的成功往往是牺牲了别人的利益而获得，是心灵最黑暗的部分；而最痛苦的事情往往是要忍受不平对待和委屈，也是心灵最脆弱的部分，除了自己解脱别无他法……

前一条是分享创业投资经验，后一条是自己的人生感悟。因为有明确的定位，蔡文胜的微博才显得个性鲜明，有信息和思想价值，才会受到粉丝追捧。

第二，做准备工作时，最好花足时间分析那些人气最旺的微博主，看他们的微博为什么吸引人。特别是要去分析那些和自己定位相近的微博，学习别人的成功经验。初写微博，多学习、多模仿总不会错。

例如，你如果想写美食推介类的微博分享给朋友，那不妨先看看那些最有人气的美食类微博主是如何写微博的。专业厨师、《名厨》杂志编辑"摆渡大厨"在微博上有几十万粉丝，他写的微博就色香味俱全，很是惹人垂涎：

摆渡大厨：番茄蛋包饭：油热后放蛋液做成饼状，因蛋老后不易卷成形，勿长时间加热；炒好的饭放在蛋饼中央，一手翻锅，一手用铲子顺势折叠蛋饼，将米饭裹在蛋饼里；配食橄榄油番茄沙司。没有厨房经验，很可能导致"蛋洞百出"、"蛋饭分离"，甚至恼火地变为原始的"蛋炒饭"😅，不管怎样，那都是好吃的😊

摆渡大厨：红彤彤的外表下有着极为丰富的内涵——鸭血、鳝段、肥肠、毛肚、黄喉、火腿、金针菇、豆芽等材料共冶一炉，这发源于重庆磁器口古镇的名吃果然名不虚传。尤爱吃毛血旺的感觉，先不说它抒怀畅意的味道，吃到最后，你看几双筷子在红汤里探索似的表演，真是得者意犹未尽😋，未得者意兴阑珊😣

　　一条微博介绍番茄蛋包饭，另一条介绍毛血旺。虽说都是寻常可见的菜品，但在"摆渡大厨"的微博里，从做法、原料到厨师和食客的真情实感，娓娓道来，让人食指大动，真是美食微博中的精品呢。

　　第三，先看后说，先学后写。多学习写微博的技巧和成功模式，不要太急于发布。比如，经过观察不难发现，在微博上时常写些幽默的内容，尤其是发生在自己身边的好玩的故事、笑话、冷笑话，对提升人气有很大帮助。我在自己的微博里，就经常用笑话的方式，记录一些我身边发生的事：

李开复：这次去东京，航班又延误。有朋友跟我说：应该可以做一个机器学习系统，可以根据各种信息（天气、地点、节日、时间……）推测哪些航班延误可能性最大，然后订票时可以避开。我想想我过去一年的经验，回答："不用了，别坐国航的就 OK 了。"

　　当然，记录身边的事，不等于记流水账。如果天天都在微博上说"我吃过饭了"、"洗洗睡了"、"上飞机了"之类的事情，也许可以让朋友了解自己的动态，但对吸引更多粉丝没什么帮助。普通网友对这样的流水账很快就会失去兴趣。

　　第四，不但要学会用网页版微博的各种功能，还要学会熟练使用手机版微博。随时随地都能上微博、发微博，能够用手机及时捕捉生活瞬间，或者身边发生的实时新闻事件，你的微博才真正具有实时性，才有别人无法替代的有价值内容。

我自己就经常用手机拍下生活中看到的新鲜事儿，然后发到微博上：

李开复：今天中午坐火车从纽约到华盛顿，开了一个会，晚上坐火车回到纽约。车上有无线，而且还有插头，所以来回6小时一直在网上，把电子邮件全部解决了。下图是火车的座位、电脑桌、插座。

总之，机会不会青睐无准备之人。做好准备，才能写好微博，用好微博。

写好自我介绍

每个微博主在微博上都有自己的个人首页，首页上可以添加微博主的自我介绍，供访问微博主首页的网友认识微博主、了解微博主。不同微博服务商提供的自我介绍信息不完全相同，但通常都包括头像、昵称、简短的自我介绍、标签等几个部分。

选头像时，要选一张比较有个性的照片，照片形状最好是正方形。照片中，自己的脸部要足够大，这样，即便被缩成小图，大家也可以认出来是你。看我的头像，是不是就符合要求？

当然，头像也不一定就非要是自己啦。如果微博主是那种又时尚又可爱又新潮的人，选个好玩的卡通形象，也可以吸引不少人呢。看看新浪微博上人气最旺的姚晨用的头像，可爱吧？

名字或昵称一定要想好。直接用真名当然挺好，但还有许多其他的起名方法：

- 在名字前面加上修饰语，让人快速了解你，比如"喜欢高尔夫的某某某"，这样有同样爱好的人会通过搜索很快找到你。

- 直接用可爱的网名或昵称，比如"7号同学Luck"。
- 把网名或昵称和真名合并起来，比如"鬼鬼吴映洁"。
- 用你微博的主要内容做名字，比如"生活小智慧"。
- ……

用简短的话写好自我介绍并不容易。但这一句自我介绍是别的网友了解你时，最先读到的有关你的信息内容，写得好可以在第一时间吸引别人的眼球，就像好的气质和外表是一见钟情的必要条件一样。所以，自我介绍一定要简洁、明确，突出最主要的信息，清楚地告诉来访者，你是谁，有什么特征。同时，如果自我介绍能幽默一些，或者有诗意一些，那就再完美不过了。需要时，自我介绍里还可以给出网址链接。

来看几个微博上真实的自我介绍的例子：

- 蔡文胜：70后高中辍学混多种行业。2000年入互联网创业，投资域名创办265网站。现为天使投资人；4399，暴风影音，58同城，美图秀秀……
- 深雪zita：我是香港作家，深雪。著有《第8号当铺》、《死神首曲》、《人生拍卖会》等作品。我的网页：http://www.zitacatloft.com
- 鬼鬼吴映洁：每个人都曾经过学走路的时候，总是需要一些时间学会走路……
- 刘雯：本身是一个微不足道的人，一不小心陷入了时尚的大舞台。自己还是微不足道的自己，承载了大家的很多关心。

标签就是你为自己以及自己的微博内容选的最合适的关键词。在微博世界中，无论是找人还是搜索内容，标签都可以帮助网友更快地找到你，可以帮助有相同爱好、相似话题的朋友更快地认识。

看看下面这些我给自己加的标签，每一个标签都和我的工作或我关注的内容紧密相关。这样一来，是不是可以让大家很容易了解我，找到我？

- 创新工场
- 教育
- 科技
- 电子商务
- 移动互联网
- 创业
- IT互联网
- 世界因你不同

- 微博控
- 风险投资

真诚的态度，做真实的自己

写好微博，最重要的是要真诚。相比于其他的发布方式，微博上的你往往更真实，更像生活中的你自己。所以，不要刻意掩饰，也不要刻意追求自己不习惯的语言风格。你说的话，只代表你自己。对待别人、对待自己都要坦诚。不要人云亦云，要坚持自己的想法和意见，在思想观点和立场上，切忌摇摆不定。

比如，有学生说，他想模仿我的职业生涯，因为他觉得我的职业生涯代表了一条通往成功的道路。可我不同意他的观点，首先，每个人的成功之路都是不同的，只有最适合自己的才是成功；其次，我的职业生涯也并不是完美的，至少我自己这样认为。我先做教授，再到三个伟大的公司工作，然后创业，这中间的道路是有遗憾的。我坦诚并且明确地通过微博告诉过大家：

李开复:最近有位学生说想模仿我的职业生涯。我的回答:"走自己的路，不要模仿任何别人，何况我的职业生涯走反了。我先做教授，然后去了三个伟大的公司，最后创业。我应该先创业，做出三个伟大的公司，然后退休做教授。"

只有这样真诚地说出自己的想法，包括不隐藏自己的缺憾，这样才能赢得人们真正的尊重。

在微博上，因为氛围轻松，发言便捷，我不会像以往在正式大会演讲或学术文章中那样，板着脸用严谨的词句说话，而是尽量贴近生活中的我自己，说出我心里想说的话。这也是一种真诚，而且，这种真诚在粉丝们看来，更加真实，也更加亲切。

比如，说到手机和iPad上流行的"愤怒的小鸟"的游戏时，王冉曾发微博说：

王冉：今天纽约时报有篇文章专门讲"Angry Birds"这款游戏，这也是我这辈子唯一玩通关的游戏。这款由芬兰一家小公司仅花10万美元开发的游戏已经产生了800万美元的下载收入，每天全球用户会在上面花两亿分钟，成为了一个文化符号，催生出服装、蛋糕等一系列衍生产品，甚至有粉丝为它庆祝生日。

我在大学期间就喜欢玩游戏，最近因为需要理解互联网现象，又开始玩一些最火的游戏，玩的过程中，还有自己的感悟。于是，我就借着转发王冉的这条微博，把自己玩"愤怒的小鸟"的感想说了出来：

李开复：因为每个人心中都有一只勇敢的小鸟，还有每个人人生中也会碰到一些该死又拿它没办法的猪。

显然，我在正式演讲或学术文章里，很少有机会说这样的话，很少有机会和人分享我打游戏的感悟。微博给了我更充分展示真实自我的机会。

真诚，反映到微博的行文措辞上，就是要风格鲜明，突出自己的个性，而不要刻意地学写书面语，或模仿不适合自己的行文风格。

在我的微博上，很多时候，我都用平常聊天的语气和网友交流，而不是板起脸来，用生硬的书面语来表达。比如，有网友问我的作息习惯，我回答说：

李开复：不少网友看到我很早发微博，称赞："这么勤奋，都不睡觉。"其实，睡眠方面和大家没有差别，只是早睡早起。也有很多网友提醒我"当心身体"。谢谢你们，不过其实早睡早起才身体好——建议这些网友自己当心身体，别睡太晚了。（我平均10：30睡，5：00起）

但在谈及一些严肃的话题，如业界分析时，我又力求语言精确、立场表达清晰，这时，太随意的语言风格，反而不利于表达你的观点。比如，谈到微软和腾讯的比较，我说：

李开复：微软和腾讯很像，不是第一个创新，但是学习能力很强，用已有的业务帮助新业务，快速超越创新者。但更看好腾讯的成长，因为1）在互联网时代，QQ比视窗更有捆绑价值，又没有反垄断限制；2）腾讯是互联网公司，产品速度更快；3）软件产业已饱和，能学的创新不多，但互联网总有更多值得学习的对象。

这样的业界分析力求简洁，用1)、2)、3)这样的句式把观点——罗列清楚，一目了然，语言风格上虽然不是严肃的书面语，但也没有过于口语化。总之，无论写哪种内容的微博，我都在保持自己特点、风格的基础上，选择最适合那种内容的表达方式。

拥有好的态度，也包括在写微博时，顾及读者的感受。发微博宁缺毋滥，不要发质量太低、根本没有人在乎的内容，也不要只关注自己的小心思、小天地，因为别人不一定喜欢看那些只属于你自己的事情。要尽量多放眼看周围的世界，用良好的心态，和你的粉丝以及其他网友交流。

此外，微博切忌请人代笔、托人帮忙。本来微博就是个直接表现真实自己的好地方，如果连亲自写微博都没有时间，还需要他人代笔，那还不如不发微博的好，因为别人写的东西，总会与你自己的心里话相差甚远。

我的微博就全部是我亲自写的，我甚至在微博上向网友们澄清过这一点：

李开复：看到有些人在讨论说我今天又演讲又发微博，肯定是有团队维护我的微博。在这里澄清一下，我的微博全部是自己发的，没有团队。今天演讲后采访，采访后午餐前有一点时间，自己找了个空的房间，整理出重点，然后一条一条发出的。

我还跟网友们分享过自己写微博和发微博的过程：

李开复:有些网友问我微博是如何更新的。1）全部微博都是我自己发的，没有助手；2）我读书有个习惯，就是把值得记下传播的话折起来，输入 Word 文档，每天分享几个，都是我自己挑选，自己翻译（所以有时有错），绝不是买本"名人名言"照抄；3）如果是别人说的话，一定会标注来处，如果没有标注，就是我说的。

黄健翔在微博上说：

黄健翔：You are what you say. 无论何时、何地、以何种方式、匿名还是真名、现实还是网上，说什么话、怎么说话，其实根本上都是在炼就一个怎样的自己。说话不轻贱就是不轻贱自己，这是我给自己的忠告。

正如黄健翔所说，你的微博，就是你自己的写照。如何对待你的每一条微博，其实，并不仅仅是如何对待140个汉字，而是如何真诚地对待自己的问题。态度决定一切，真诚的态度是写好微博的前提。

写什么内容好

很多微博新手一上来不知道该写些什么。那，不妨先了解一下，大家平常都在微博上写些什么。如果一定要试着给常见的微博内容做个简单的分类，我发现，大家经常在微博上发布的内容类型包括：

- 记录自己每天做了什么，到过哪里
- 记录自己每天想了什么，心情怎么样
- 写身边发生的有趣事、新鲜事
- 和朋友聊天，互动
- 参与某个热门话题的讨论
- 转发并评论别人的有趣微博，或网上看到的有趣图文
- 发布消息，直播突发事件
- 传播思想，教育和影响他人
- 发表文章或其他作品
- 推销品牌或产品

我在新浪微博上发起了一个投票，看大家在写微博时，上述哪一种类型的内容更多些。

如何发起微博投票?

新浪微博提供了"发起投票"功能，微博主可以预先设定问题，然后在微博上发起投票，看大家对某个问题的看法如何，征集大家的意见。发起投票的方法很简单，只要在网页上微博输入框的下方，点"投票"按钮，就可以输入投票的标题、选项、单选还是多选以及截止时间等信息，最后点"发起"就可以了。

结果，在5 111人参加的投票中（上述每种类型可多选，但最多选择3项），接近70%的网友经常写自己每天想了什么，心情怎么样，超过60%的网友经常转发或评论别人的有趣微博图文，超过45%的网友经常写自己身边发生的有趣事、新鲜事。具体的投票结果如下页图片所示：

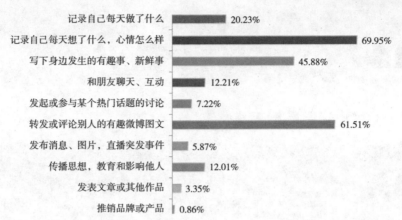

记录自己每天做了什么　20.23%

记录自己每天想了什么，心情怎么样　69.95%

写下身边发生的有趣事、新鲜事　45.88%

和朋友聊天、互动　12.21%

发起或参与某个热门话题的讨论　7.22%

转发或评论别人的有趣微博图文　61.51%

发布消息、图片，直播突发事件　5.87%

传播思想，教育和影响他人　12.01%

发表文章或其他作品　3.35%

推销品牌或产品　0.86%

　　微博140个字的空间虽小，容量可不小。从个人到社会，从新闻到心情，天南地北海阔天空无所不包。从这个意义上说，微博作为一种媒体，其内容的立体和多样程度，是微博之所以吸引人的根本原因之一。对于微博主来说，可写的内容当然也就很多了。

　　微博不是一个信息孤岛，而是和整个互联网连接的。所以，你可以尽情去其他网站找好的内容，可以到新闻网站、笑话网站、视频网站、图片搜索等地方寻找合适的、可以转发或改编的内容，写在你自己的微博里。

　　前面提到过，关于自己的内容，可以简单地分成我在做什么（what I am doing）和我在想什么（what I am thinking）两类。当然，就像上面罗列的那样，独家的新闻消息、影评、书评、游戏评论、餐馆美食评论、节日活动、家庭趣事、温馨故事、时事和产业分析、经验分享之类，大家只要想写，就都可以写。简单地说，只要是有利于展示自己的内容，或者和网友交流的内容，而且是自己想写的，就都可以写在微博里。

　　还是拿我自己的微博来说，我的微博就包含许多不同类型的内容。我有一些微博，记录我去了哪里，见过什么样的人，感受怎么样，例如：

李开复：昨天和郭台铭一起和台湾媒体谈创新创业，才领教到 Terry 在台湾的人气。一个个记者几乎想要践踏我，才能靠近他一公分。一个个高个子的摄影师把摄影机抬到头顶，就希望能捕捉到他的 close-up。不过一个个问题，实在不太高明："今天抱女儿了吗？"……很高兴很容易就从会场溜走。

　　我会记录下自己和学生们交流的情况：

李开复：今天北京中关村签了数千本书。谢谢 GTUG 和我学网 (@ 我学网 5xue) 的志愿者。下面是第一组演讲 + 签名的观众，有来自大连、山东、天津的朋友。谢谢大家的热心参与。

我会记下旅游过程中的趣事：

李开复：今早去日本过安检时笔记本电脑被前面的人拿走了，而我也错拿了她的电脑。在闸口拿出电脑时，才发现不是我的。还好看到 Windows 登录显示的名字是新加坡拼写，急忙赶到飞新加坡的班机，在正要关机门之前，将对方从座位上唤出，换回了电脑。在此提醒大家：笔记本电脑和行李一样，贴个明显的标记，以免拿错！

我也会记下创新工场的同事和我在工作中值得回忆的事情。例如，在我过生日的时候，创新工场的同事们给了我很多温馨的回忆：

李开复：今天生日，创新工场同事生日卡的贺词 1："开复：贝多芬 54 岁才写就第九交响曲，乔布斯 52 岁才发明 iPhone。你最美好的时光仍在前方。让我们一起见证。生日快乐。"

李开复：今天生日，创新工场同事生日卡的贺词 2："开诚布公，虚怀若谷，夫复何求？业内翘楚！一曲歌罢，工场播鼓。他年对酒，定创新麓。"

我会把自己和创新工场的同事们一起吃"李妈妈"牛肉面的照片也发到微博上：

李开复：创新工场的特殊午餐：李妈妈牛肉面。（我母亲的食谱，马英九的最爱，好奇的可以搜索一下典故和食谱）

当然，除了"我在做什么"以外，我也会更多地把我的感想发上来。比如，第一次用了iPad，我就发了这样的感想：

李开复：终于拿到 iPad。喜欢的地方：飞快速度、亮丽屏幕、阅读体验、音响效果、玩游戏过瘾。不喜欢的地方：AppStore 价位不合理、虚拟键盘不习惯、有点重（尤其躺在床上时）、用完后拿起 iPhone 不习惯（觉得好小！）。

看了一本好书，我也会跟大家分享读后感：

李开复：最近看了 Facebook Effect 一书，一些惊人数字：1）创业四个月后就有人出价 1 000 万美元收购；2）Peter Thiel 的 50 万美元天使投资买得 10% 的股份，今天价值约 25 亿美元（5 000 倍的回报）；3）Facebook 推出开放平台，在 2009 年开发者就得到 5 亿美元的收入，和 Facebook 收入相等。

显然，微博上可以发的内容很多，可以写的好玩的、有趣的、吸引人的东西也很多。

我还在新浪微博上发起过另一个有趣的投票，想知道大家都会利用微博做些什么好玩的事情。2 686人参加的投票（可多选，但最多选择3项）结果如下：

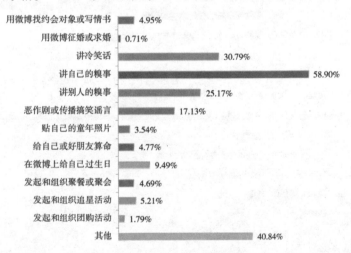

很有趣的结果，不是吗？很多人会用微博来讲糗事，讲冷笑话，甚至搞恶作剧，在选"其他"的网友里，大家还写下了更多好玩的事，比如"看别人生

活点滴，觉得世界有趣又充实"、"我还用来发发牢骚，挺好用的"、"每天处于围观状态，只看不写"、"说自己不敢对别人说的话"，等等。这充分说明，微博是一个个性化的、充满娱乐氛围的平台。在这里，没有什么不能写，关键还是要表现出你自己！

大众最喜欢什么

要吸引更多粉丝和增加影响力，就必须知道大家喜欢在微博上看些什么。然后，在写微博时，才可以有的放矢，在内容选择上，适当增加一些倾向性。当然，了解大家的喜好、增加一些倾向性并不代表着放弃你自己的个性和你自己喜欢的内容。写微博，首先是要展示你自己，这是第一位的。在展示自己的同时，如果能根据大家的喜好，适当选择内容，这当然就更有利于在微博上传播你自己的声音了。所以，这两个方面是相辅相成的，而不是相互对立的。

也就是说，写微博前，不妨先多花一些时间，仔细读读微博人气榜上，那些最热门微博主的最热门的微博（就是评论和转发数量最多的微博），用自己的智慧分析一下，大家为什么喜欢读这些微博，这些受欢迎的微博在内容上有什么共同特征，在写作手法上有没有值得借鉴的地方，等等。

还是以我在微博上发起的投票为例。在针对大家喜欢看什么微博的投票中，有5 124人参加（可多选，但最多选择3项），结果如下：

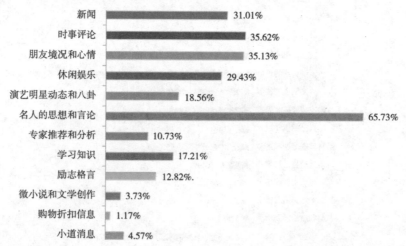

从投票结果以及我此前写微博的经验来看，至少在我的粉丝群中（考虑到粉丝群体的不同，其他人的粉丝，喜欢的内容类型可能不同），最受欢迎的内

容包括：名人思想言论、时事评论、朋友境况和心情、新闻、休闲娱乐内容、明星动态和八卦、学习知识、格言和富有哲理的话等。

在写微博时，要平衡"你想要大家看的"和"大家想看的"这两者的关系，既不要把微博变成纯粹的个人流水账，尽写些别人不感兴趣的内容，也不要纯粹依照大家的喜好来写，完全丢掉了自己的个性特点。一个有效的做法是，在符合自己个性特点的前提下，多发些大家想读的内容，同时，里面穿插一些你想让他们读的内容。

拿我自己来说，我知道大家看我的微博，很大程度上是想了解我的思想（特别是关于青年人成长、创业、励志等方面的）和我推荐的独家信息（比如优秀的新书、新的互联网技术等），我就很注意撰写相关的内容。而且，这种撰写不需要刻意进行，很多时候都可以和自己做了什么、想了什么很自然地联系起来。

例如，和以前在谷歌的同事们吃饭，看到周围的前同事都那么成功，觉得谷歌真是一个创业者的"黄埔军校"。于是我就发微博说：

 李开复：今天和"前谷歌中国俱乐部"吃饭，发现谷歌中国真是个"黄埔军校"。出来的有：至少 15 个创业 CEO（而且都做得不错，有一个被收购，两个快 IPO，其他也都拿到 VC 投资）、五个 VC 基金的董事总经理、至少 6 个中国互联网巨头的副总裁以上职位，好几个财务和人事高管，还有快乐的天使（尤其在创新工场的）。

这就很自然地把自己想记录的事情，和大家想知道的东西联系在了一起，同时也表达了自己在这件事上的观点，当然能收到不错的效果。

再比如，我知道我的粉丝们对我的人生经历很感兴趣，而且也有不少人很八卦，希望知道我的经历中，那些有趣的事情或者有趣的瞬间。有一天，我们一家人在整理旧照片时，我突然想到：粉丝们会不会对我的旧照片很感兴趣？于是我就在微博上发了两组有趣的照片。

第一组是我的四张学位照：1979年高中毕业、1983年大学毕业、1988年博士毕业、2009年荣誉博士。这四张照片放在一起，展示了我的整个学习、成长经历：

第二组，是我一岁到四岁的生日照片，每一张都充满了童趣，勾起了我许多儿时的回忆：

大部分网友都有着对新鲜事物的好奇心。为了满足他们的好奇心和求知欲，我也会经常在微博上分享一些我看见、听见的新鲜事儿，或者大部分网友可能不太熟悉的新情况、新事物。

比如，我在瑞士和阿联酋旅行时，会记下在当地看到的新鲜事情：

 李开复：这两天在瑞士的发现：1）每栋房屋下面都有防空洞，就算核子爆炸，在洞里的公民都能生存；2）每年发一份药物给每个家庭，是核子爆炸后，需要马上吃的；3）每个瑞士人都要服兵役，两年左右；4）瑞士人认为中立国家更需要自卫，他们认为希特勒没有打瑞士不是因为它中立，而是怕瑞士的军事能力。

 李开复：阿布扎比的50万公民的平均净资产是1.2亿人民币。在阿布扎比发现所有的司机、服务员、清洁工都不是本地人（来自菲律宾、印度、中国……）。在商店碰到一个阿布扎比刚毕业的大学生，她带着LV的皮包，买了大约1万元的枣子，说要开party。问一位记者时间，一看她的手表也是几十万的名牌。

再比如，我在香港城市大学访问时发现，这里有很多情况可能是大学生们所不了解的。我发了好几条微博来分享我观察到的有趣现象：

李开复：在香港城市大学意外地见到了很多内地的学生，他们都是高考非常高分的学生，本来有些可以进清华、北大的，到了香港表现非常好，而且个个都精通英语、粤语。教授都因为有这批优秀勤奋的学生很开心。

李开复：香港城市大学的毕业典礼是很壮观的现象。每年有七千多个毕业生，但是因为每个学生都希望有机会自己一人上台领证书，所以一年要分 12 次毕业典礼，每次几百人毕业。昨天的毕业典礼，有些学生已经工作好几个月了，才参加毕业典礼。毕业典礼有普通话、粤语、英语，安排到每一分钟都是准时的。

我陪友人访问北京101中学时，中学生们说了许多让我记忆犹新的话。这些年轻人说出来的话，丝毫不比名人说的话逊色多少，相信也是网上许多年轻人愿意看到的。于是，我当日的微博是：

李开复：带三位美国资深媒体人到北京 101 中学，他们最深刻的几句话（中学生说的）. 1）我长大要做一个有很多很多钱的商人；2）我的嗜好是用英文自言自语，既有趣又有益；3）我们大部分都希望到美国读大学；4）我希望除了 XBOX-360 之外，能多和美国的中学生沟通；5）我的人生梦想是死后依然有人爱我。

还有一些只有我知道的业界信息或趣事，如果发出来，大家当然也会感兴趣。事实上，出于好奇，大家对类似的"独家秘闻"总会非常期待和关注。比如，我在微博上发过谷歌首席执行官埃里克·施密特在非公开场合说的话（当然，发这类微博时我一定会确认没有涉及公司机密或个人隐私，而且对读者有一定的启发性，绝不会单为八卦而发出）：

李开复：我管理公司是靠"发问"，不是靠"回答"。问答会启动对话，对话会刺激创新。如果你想要一个创新文化，那就多发问。——谷歌CEO 施密特李开复："当我不停地重复一句话，直到我受不了了，差不多这时候员工就会听进去了。通常这是 20 次左右。"——谷歌 CEO 施密特

我还在微博上发过谷歌创始人谢尔盖·布林不拘小节的故事，以及他光脚穿着沙滩鞋参加公司会议的照片：

李开复：我和纽约市长彭博谈到谷歌创始人谢尔盖，他说第一次见到谢尔盖，谢尔盖穿着紧身裤，拿着滑板。我跟他说这不算什么。北京市长郭金龙见到谢尔盖时，谢尔盖光着脚打排球，说："郭市长，来跟我们一起打吧！"郭市长很幽默地说："我其实很会打的，我以前还是排球教练。"（看看下图他穿的鞋）

我也会在微博里写一些"小常识"，跟大家分享有趣的数据或事实：

李开复：知道世界上被使用最多"分钟"的网站是什么吗？不是谷歌、微软，是 Facebook（第二名是 YouTube）。

李开复：知道世界上第二大的搜索引擎（搜索数量）是什么公司吗？不是百度或雅虎，是 YouTube（月搜索量 160 亿）http://sinaurl.cn/hJarc http://sinaurl.cn/hJarV

李开复：最新世界人口排名（自然人）：1）中国；2）印度；3）Facebook；4）QQ；5）QQ 空间（Qzone）；6）美国；7）MySpace；8）印度尼西亚；9）巴西；10）Twitter。（猜猜谁提供的数据。Hint: 以上十个之一）

因为理解网友特别是我的粉丝的需要，在发微博时适当考虑内容类型的比例关系，喜欢读我微博的人越来越多。

随时留意，随时积累

写微博，说来是几十秒的工夫，但真要写好微博，就不仅仅是写和发那一小会儿的事情了。如果平时能多积累、多储备，写微博的时候，好的内容就可以信手拈来，就不用再为写不出内容而一筹莫展了。

在如何留意、积累这方面，我自己的经验包括：

● 平时多留意合适的题目、合适的内容，形成习惯后，脑子里的积累就越来越多，写微博就很容易了。

● 看到新颖的国外科技新闻或台湾社会新闻，可以"独家"首发。这些是我经常浏览的内容，相信每个人都会有一些自己最熟悉的领域，可以发出独家新闻。

● 在网上"冲浪"时，看到有趣的网站、网页、图片、内容，我会先用书签收藏起来，等以后合适的时候再发。

● 看书的时候，如果有富有智慧或引发深思的内容，我会在书上折角记下来。这是我多年的习惯。现在微博火了，正好可以供我使用。有时候我发了几个格言，就有人问我是否从什么"名人名言"书上抄下来，其实都是我多年的积累呢！

● 睡前关电脑时想想，今天有没有什么值得分享的东西，例如跟谁聊了什么，看见了什么，听见了什么，等等。

● 如果有好的微博灵感，但又没有形成最后的文字，或者时机不合适，那就先记录下来。

● 在电脑里，做一个Word文档，把所有未来可能会在微博中用到的原始材料放到里面，这样，不但有利于积累、提炼后发高质量的微博，也可以配合最佳的发微博时间，以吸引更多粉丝（参见下一章中"最佳发微博时间"一节）。

比如，我读书、看电影、听演讲甚至玩游戏的时候，都喜欢把自己想到的事情先记下来，然后等有空闲的时候，再把它们整理成一条条的微博。

下面这条微博其实就是我读Facebook Effect一书所做的笔记之一：

李开复：最近看了 Facebook Effect 一书，Facebook 导致的案件：1）一个英国人在 Facebook 上看到他太太把状态从"已婚"改成"未婚"后，杀了她。2）有位中学生在 Facebook 上批评老师，被开除后，诉讼老师和学校。3）一位沙特阿拉伯的父亲发现自己女儿在 Facebook 上和男孩交谈后，杀了她。

下面这条微博，则是我玩"植物大战僵尸"这个iPad游戏时，产生的一些感想：

> 李开复：植物大战僵尸玩后几个感想：1）好玩的游戏可以是不分中西，男女老少咸宜的；2）还是美国人制作的游戏最有幽默感、创意；3）iPad上玩游戏可以用多手指触摸，比鼠标更便捷、直接；4）商业模式还是美国式的一次性付费，这方面要多跟中国学习。

当然，积累并不意味着不注重时效性。随时留意、随时积累就是为了在最恰当的时间，更快地发出最合适的内容。

比如，在境外的新闻网站已经发出某个新闻或消息，但内地新闻媒体还没有翻译或转发之前，如果我注意到了，并且发现信息本身对内地网友有价值，那我就会在第一时间在微博上转发。需要时，我还会充当翻译。这种第一手信息的获得，当然也来自于平时多留意，多积累。

下面这条微博里，连胜文在台湾助选遭枪击后，醒过来时说的话，就是我首先在台湾网站看到，又在第一时间转发到微博里的：

> 李开复："上天将我留在这个世上是要我做一个好人，做一个能够帮助别人的人！"——连胜文

下面这条微博里关于软银孙正义评价雅虎的言论，就是我首先在英文媒体上看到，然后翻译并转发到我的微博上的：

> 李开复：孙正义对雅虎："雅虎是杨致远的孩子。杨做得很好，但是继承他的人没有延续创新之路，把一个创新公司做成媒体公司。要是我，我就会狠狠地赌，把它做回创新公司。我的投资人习惯了，所以我的公司股票上过天，也下过地狱。"（他是雅虎日本和阿里巴巴的大股东）
> 英文文章：http://sinaurl.cn/hbW0F2

如何写好140个字

每条微博只有140个字。别小看这140个字，要用好它，其中可有大学问。

前面提到过，每条微博140个字的限制，用英文写作时，只够写一句半句的，很难表达细腻、复杂的含义。但用中文来写微博，140个字用得好时，就是一个相当自由的小天地了。请看我自己的这条微博：

> 李开复：美国人为什么不了解中国？对中国认识还停留在几十年前的状况？1）美国自己这几十年改变不多，所以不能理解中国快速的改变；2）许多美国人（包括一些最有影响力的）以美国为中心，缺少世界观；3）美国教育中对中国描述甚少，而且往往过时；4）中国文化（无论传统、娱乐）都还没有影响美国。

不到140个字，提出了一个尖锐的问题，给出了我自己的分析，而且，分析内容被分成四点，层层递进，有条不紊。瞧，140个字一条的微博，居然能塞进这么多内容。感谢汉语，如果这些意思用140个字符的英语表达，那恐怕只有神仙才知道该怎么遣词造句了。

140个字的微博虽短，但赋予我们的表达空间却相当大。写好微博，要先学会用好这140个字。一般说来，微博内容可以分为开头、中间、结尾三部分。开头要一下子吸引人的眼球，中间要清晰、有条理，结尾要突出重点，可以在结尾提出互动性问题或诱导转发、评论。具体说来，主要包括以下技巧：

（1）微博的开头第一句话非常重要，要足够吸引人，在需要的场合，甚至可以有点儿劲爆、有点儿煽情。正如每篇新闻都要有凝练、醒目、吸引人注意的导语一样，微博开头第一句话就是微博的导语。有一天我发了一个微博，里面有三个部分的内容，而我真正想传达的是第二点和第三点，但是我发现，很多留言者只看了第一点。这个速食主义的社会真可怕，阅读都是快餐式的，连读完140字的耐心都没有。也就是说，写好微博的第一句，不仅仅是为了吸引眼球，也是为了让那些没有耐心的人有兴趣读下去。

下面这条微博，第一句就开门见山，抛出问题，说"有些网友开始怀疑我的账号被盗，否则怎么不像个'导师'"。这就既清楚地解释了这条微博要说的主要内容，也用"怀疑被盗"这样的字眼吸引了读者的目光，可谓一举两得。

李开复：有些网友开始怀疑我的账号被盗，否则怎么不像个"导师"。其实，微博可以精确全方位地呈现一个人。在我的微博，你会看到批判的、评论的、激励的、分析的、搞笑的……加起来就是一个完整的我（我一向有习惯，看书看到精彩的，浏览网站看到有趣的，都会保留下来，现在有了微博，正好可以和大家分享）。

（2）微博的最后一句话也很重要，可以用一些醒目的字眼再次点题，也可以写一句互动性的话，抛出问题让大家思考，或者诱导大家转发、评论。例如，我在下面这条微博中，最后向北京的朋友们抛出了一个问题：

李开复：台北今天 22 摄氏度，我走到诚品买了 22 本书，然后到附近 22 元吃了一碗刨冰。北京的朋友们，羡慕吗？

因为有最后的提问，一下子有许多人评论、回复这条微博。最后提问的方式显然有助于增加评论数量，但因为大家倾向于转发有趣、有价值的内容，而微博中最后的提问可能会显得微博并没有结束，不适合作为完整的内容转发。所以，如果你想引导大家更多转发，则可以在最后加上"请转发"，往往也会有好的效果。

这短短140字，非常符合写作和传媒的理论：第一句就像标题，吸引读者注意；最后一句就像结论，引发读者思考。

（3）微博的140个字，不但可以有纯粹的文字内容，在需要时，也可以加上网址链接，链接到其他网站、其他微博等外部资源。本来嘛，微博是互联网的一部分，并不是一个信息孤岛，信息之间的相互链接有助于网友快速找到原始信息或相关信息位置，帮助读者扩大阅读范围。

例如，我在微博上解释我的座右铭的出处时，同时给出了指向出处的网页链接。这样，阅读微博的人很容易知道，我的座右铭是从祈祷文改编而来。如果读者有兴趣知道原始的祈祷文到底是怎样写的，那他只要打开超级链接，就可以读到英文原文，也可以知道原作者是美国神学家尼布尔博士。

李开复：我的座右铭："有勇气来改变可以改变的事情，有胸怀接受不可改变的事情，有智慧来分辨两者的不同。"这句话是我修改 serenity prayer (http://en.wikipedia.org/wiki/Serenity_Prayer)，原文不是用胸怀接受不可改变的事情，而是用宁静和信仰接受。

（4）在140个字的中文微博里，使用标点符号时一定要注意，千万不要使用英文半角的标点符号。例如，假如我的微博被排成下面这个全用半角标点的样子：

李开复：人际关系的五个秘诀: 最重要的五个字:"如果你愿意";最重要的四个字:"你认为呢 ?";最重要的三个字:"你真棒";最重要的两个字:"谢谢";最个重要的一个字:"我"。(Robert Woodruff, 可口可乐前董事长)

因为英文半角标点占的空间很小，两边的汉字就好像紧紧贴在一起似的。本来微博140个字的显示空间就不大，现在所有字都挤作一团，既不美观，也影响阅读。反之，如果严格使用中文全角标点符号，那微博显示出来，就非常清晰、易读，就像卜面这样：

李开复：人际关系的五个秘诀：最重要的五个字："如果你愿意"；最重要的四个字："你认为呢？"；最重要的三个字："你真棒"；最重要的两个字："谢谢"；最不重要的一个字："我"。（ Robert Woodruff，可口可乐前董事长）

（5）如果要表达的内容较多，且有条理，请用1、2、3这样的编号将主要观点标记、划分清楚。当然，这一方法只适合理性分析型的微博，不适用于感性表述型的微博。例如，下面这条关于互联网公司必须学习什么的微博，就属于理性分析的内容，其中要学习的东西就有并列的条理关系，用1、2、3这样的编号再合适不过了：

李开复：摩根斯坦利 Mary Meeker：互联网公司必须学习：1）别的国家类似你的公司领先你之处；2）移动战略；3）苹果、谷歌、Facebook 的方向对你的影响；4）广告领域创新；5）"娱乐化"电子商务；6）线上视频爆炸成长；7）互联网领导者换位的意义；8）从乔布斯身上学习；9）新技术；10）未来大小公司的互动和趋势。

下面这条关于创业者要面对的残酷现实的，也是如此：

李开复：创业者的残酷现实：1）点子的第一次实现一定出错；2）家人朋友不理解你；3）低薪生活；4）都在等别人（例如 VC）；5）你的职称无论多神气，还是要做清洁工（和一切琐事）；6）没有银子弹；7）顾客会带给你困扰；8）永远做不完的事；9）不可能很快成功；10）打造团队很难；11）太多不可控制的因素。

以及这条关于谈判的：

李开复：谈判者必须会 10 问：1）想想我们未来可以带给你多少生意？2）议价空间有多大？3）要不要一起把饼做大？4）要不要先尝试一段时间？5）你能保证这是最优条件吗？6）你准备好失去我们这个顾客了吗？7）如果无法达成协议,你会怎么做？8）你可以给我点儿让利,好回去交代？9）差额平均分摊？10）你要不要我推荐别家？

（6）语言要简短，言简意赅，清晰准确。不要每次都强求把140个汉字用完。最好是一条微博表达一个完整的信息，或一条微博讲一个故事。不要把无关的内容都塞进来。

发第一个微博时，如果需要，可以用完140个字。但如果是转发自己或别人的微博，那转发时增加的评论内容就不要太长，尽量少于100字，否则，当这个转发被其他人连环转发时，因为连环转发的所有新增内容是共享140个字空间的，别人可以增添新内容的空间就太少了。

比如，针对下面这条微博：

瘦马：美国哪所学校培养的 CEO 最多？（答案在一小时后公布）

微博主瘦马在一小时后，通过转发加评论的方式公布了答案。但他转发时加的评论就不是很长，这样，其他人又转发两次后，我再转发时，居然还有地方写很长的评语，然后还给出了原始信息的链接。最终由我转发的微博就已经成了下面这个样子（其中每一个"//"标志都代表了一次转发）：

李开复：不能任何小公司 CEO 都算。财富 100 里面只有一位西点军校的，而哈佛 15 位、斯坦福 5 位、西北 5 位、耶鲁 4 位（http://sinaurl.cn/hbmBFE）。//@ 王肇辉：大豆和瘦马去西点吧…… //@ 钭江明：居然…… //@ 瘦马：答案是西点军校。这个结果告诉我们：优秀的 CEO 必须具有坚强的意志、准确的判断力、高度的约束力。

（7）发出微博之前，一定要把这不到140个字的内容再检查一遍，谨防有错别字、表达不清或疏漏的地方。

（8）如果内容是那种需要大家帮助的，比如慈善类的，那最好缀上"请帮忙转发"，或者"请帮忙"等字样提醒大家注意。

此外，因为微博的140个字是无法更改的。如果在发出之后才发现有错误的内容，那就尽快删除那条微博，再重写一条新的。发出之后，也要记得留意一下粉丝们的评论，看有没有错误或者引起人反感的地方，如果有，可以删除重发，也可以彻底删除。

我有一个把140个字的微博提炼、修改，使之脱胎换骨，达到最好的发布效果的例子。我参加AAMA亚杰商会的"未来科技商业领袖摇篮计划"时，想在微博上发布一条关于这个摇篮计划的介绍。一开始，AAMA亚杰商会拟定了一份草稿，希望我转发：

AAMA 亚杰商会：AAMA 亚杰商会的"未来科技商业领袖摇篮计划"，是一个紧密联结科技商业界资深人士和创业家，促成双方在较长时期内进行有效交流和沟通，以帮助和推动创业家最终成功的项目。摇篮计划将充分整合科技商业界资深人士的经验和资源，由他们担任导师，以一对一的辅导方式，帮助、引领进入摇篮计划的创业家，增大这些创业家未来成功的可能性。

一看他们的草稿，我就觉得，这样的140个字不会太有吸引力。对比我们前面讲过的几个要求，既没有一个吸引人、简明扼要的开头，主要内容也没有条理，还没有给出网友们最关心的信息，比如导师名单、网站链接等。从文字风格上说，这条微博用的长句是那种书面介绍文案里才有的，冗长、乏味，既没有节奏感，也无法适应快速阅读时代的需要。经过我的改写，最终的微博满足了上述几个要求，在我转发后，也收到了非常好的效果：

AAMA 亚杰商会：想冯仑做你的创业导师吗？请登录 www.aamachina. com.cn 申请摇篮计划。摇篮计划是促进年轻企业家成长的公益项目。三家上市企业是完美时空、海兰信、德鑫泉，未来将有数家。摇篮导师有冯仑、李开复、雷军、张亚勤、田涛等。在这个由商业精英和创业者组成的公益组织内，传承精英商业智慧，造就未来商业领袖。

图片至关重要

国内门户类的微博服务，如新浪微博和腾讯微博，与海外的Twitter相比，有一个很大的区别就是图文并茂。我们在微博页面上看到的，不仅仅有微博主发的140个字以内的文字，还可以直接看到微博分享的照片、视频或转发的原始微博。所有信息都集成在一起。这时，如果你只发文字微博，在粉丝们看到的页面里，你的微博就很容易淹没在其他图文并茂的微博中。

图文并茂的微博可以分为两类：一类以文字为主，配图为辅；另一类以图片（包括视频）为主，文字为辅。

以文字为主的微博，一张好的配图往往比千言万语更有说服力（A picture is worth a thousand words）。所以，只要时间允许，就一定要为你的文字配上好的图片（当然也包括好的视频啦）。在电脑上发微博时，可以很方便地用图片搜索找到好的图片，或使用自己电脑上积累的图片。在手机上发微博时，如果搜图片太麻烦，可以考虑用手机来拍照片。如果有用手机随时拍有趣事物的习惯，那即便是手机发微博时，也不愁没有图片配了。

配图片时，没必要传太大的图片。显示在粉丝们面前时，图片总会被缩小展示。手机发布的图片通常也会被压缩后上传。所以，一般传100KB以内的图片，只要足够清晰就可以了。

如果是文字配图，建议用谷歌图片搜索（http://images.google.com.

hk）。搜索时，中文关键词的搜索效果往往不好，因为中文图片内容有限。不妨试试对应的英文关键词。有时候，输入两个和文字相关的英文单词，通常可以找到与文字内容非常搭配，让你惊讶的图片。

以图片为主的微博，其目的是要用图片本身来讲故事或表达意思的。这个时候，相配的文字就一定要简短有力，字数越少越好，或点题，或煽情，只要达到吸引读者放大图片仔细观看的目的就足够了。如果文字太多，就会让读者失去耐心，连图片也不愿展开来看。

我的微博上，为文字配图的例子就比较多。

下面这条微博是挪揄比尔·盖茨的一个笑话段子，拿微软操作系统经常会崩溃、蓝屏来说事儿。我就在谷歌图片搜索里搜"bill gates blue screen"，马上就找到了这张生动的配图：貌似正在演讲的比尔·盖茨身后，大屏幕上就是Windows操作系统崩溃的蓝屏。

李开复：几年前，盖茨在一次演讲说："如果通用汽车的技术能像计算机技术一般，我们今天都能开25美元一辆的车，而且一加仑汽油可以跑1000英里。"通用汽车的回应："盖茨也许是对的，但是你敢开一辆一天崩溃两次的车吗？"

下面这条微博介绍给创业者的建议，其中提到，理想像隧道尽头的光照亮你的前途。我就在谷歌图片搜索里搜"tunnel light"，这张寓意不言自明的图片得来全不费工夫呢。

李开复：冯仑给创业者的建议：创业是一种伟大的煎熬，需要理想帮助你度过。理想可以：1）像隧道尽头的光一般，照亮你的路途，让你看见并看清一切；2）帮助你看得更远，避免短视；3）敦促你寻找更符合你的价值观的伙伴；4）给你信仰。

下面这条微博把中国互联网的竞争比作没有规矩的角斗场。那么，配一张古罗马角斗场的图片，就再合适不过了：

李开复：美国硅谷媒体："（中国互联网的竞争）就像一个没有规矩的竞技场里，角斗士战斗到死。"（英文原文：http://sinaurl.cn/h4EXEn）

用幽默吸引人

在阅读越来越娱乐化、传播越来越社会化的今天，微博作为最大众化、最社会化的媒体平台，必须满足绝大多数人快速阅读、轻松生活的需要。而在所有的阅读需求中，最普遍，也最容易引起绝大多数人共鸣的一种表达方式，就是幽默。

只要看一下微博人气榜，就不难发现，大家对幽默内容的关注度有多高。高居草根人气榜前列的微博里面，像"冷笑话精选"、"微博搞笑排行榜"、"我们爱讲冷笑话"、"段子"之类的微博主，其粉丝数量都以数十万、数百万计。

正因为如此，我们在写微博时，也要学会在适当时候，用一点儿幽默的小技巧，让自己的微博引起更多人的兴趣。

微博里的幽默有很多类型：转发的幽默图文，自我调侃、自嘲式的幽默，自己或朋友的糗事，对严肃内容的幽默解析、点评，自创的笑话段子，生活中发现的冷笑话，等等，不一而足。

例如，我有时会在微博上发一些搞笑的段子：

李开复：一位网友留言："我用 Google Translate 翻译的英语作文得 18分，我自己写的都二十多分……"

下面是我在转发的基础上改写的笑话：

李开复：新东方，富士康都是我的股东，这么一改，两个股东都满意了。//@李开复：不喜欢悲剧结局，修改最后几句："拿到试卷透心凉，一紧张，词汇忘。似曾相识、解释却不详。语法阅读两茫茫。看作文，泪千行。四小时后出考场。见同窗，共悲伤。如此成绩，只有去银行，取得黄金三百两。新东方，我来上。"//@范海涛：转："拿到试卷透心凉，一紧张，词汇忘。似曾相识、解释却不详。语法阅读两茫茫。看作文，泪千行。四小时后出考场。见同窗，共悲伤。如此成绩、无脸见爹娘。待到成绩发榜日，楼顶上，富士康。"

我有时也在微博里转发一些搞笑的图片（通常是平时网上浏览注意到并保存下来的）。下面这张图，就不用解释了：

李开复：减肥皮带，随时警惕。

下面这张，是我们创新工场的同事随身携带iPad的搞笑微博：

李开复：工友现场演示：携带 iPad 的新办法

与iPad相关的，还有一个国外的笑话——一个直接用放大镜把iPhone"变成"更大的iPad的装置，哈哈：

李开复：如果你是一个 iPhone 使用者，想要一个 iPad，可以考虑买个这个。

下面这则笑话是我从别人的笑话那里改写来的，属于图文并茂型的，文字本身自成一体，已经是一个非常完整的笑话段子。但配上合适的图片，还是让整条微博增色不少：

李开复：比尔·盖茨的新家落成后，发现设计师跟他开了玩笑：1）按门铃后，大门两分钟才能启动；2）不能兼容旧家的灯泡，需要买新灯泡；3）电灯开关要双点击；4）一次只能打开一扇窗子；5）每晚睡前需要选择"休眠"、"睡眠"、"待机"；6）冲马桶时，马桶会问你："你确定你要冲马桶吗？"

当然，转发或改写的笑话终归是别人的创作。如果能从你自己的生活中，发掘那些最有趣的人和事，把他们写成幽默段子，或者，根据你自己的生活经验改编已有的笑话、段子，那多半能收到更好的效果。

比如，下面这则笑话就来自我身边发生的真事儿：

李开复：今天一位同事发的邮件："哪位同事需要定制媳妇，一套1 000~1 200 元。我可以请她们上门测量三围。"大家追问之下，才发现不是"媳妇"，是"西服"。

下面这则，来自我和女儿之间的生活趣事。我和女儿打俄罗斯方块，我赢

了，就得意地问女儿："输给一个老年人的感觉怎么样呀？"没想到，女儿诙谐地说："那，当一个老年人的感觉怎么样呀？"

李开复：和两个女儿打连线俄罗斯方块（www.tetrifriends.com），结果打败她们。我问她们："How does it feel to lose to an old man?"她们回答："How does it feel to be an old man?"

　　生活中，即便是充满幽默感的趣事、笑话，有时候也非常感人。例如，我自己在离职前后，就在微博上分享了许多我与谷歌员工间的趣事，其中很多都是在告别聚会上，谷歌员工讲给我听的。在与谷歌说再见的日子里，这些有趣的场景让人回味良久，感动万分：

李开复：员工讲我的趣事：第一次跟开复谈话也是在新华保险大厦，他教我怎么用咖啡机冲咖啡，然后说这个咖啡机很烂，过几天会从美国运一个好几万的过来 ^_^ 在 MV 某处打保龄球，在球馆外 Kaifu 拿出一盒友人送的上好雪茄，和于下的弟兄们找个墙角分食掉了，呵呵！

李开复：继续员工讲我的趣事：有一次 Charlie 组织带小孩的同事去玩，开复也带着小女儿.到了。他女儿天真地问:爸爸,你的工作到底是什么?开复答说:我的工作是写 E-mail。然后女儿又问:那你什么时候休息?开复说:2 月 30 日。

　　除了取材于生活，自己原创笑话以外，在转发笑话时，也不妨加一些自己的评论，增加趣味性。比如：

李开复:这个笑话里面只有半句是真的。//@uxdavid:转发微博 //@李谭伟:盖茨夫人接受采访时说道:我们家从来不用苹果的产品,甚至连苹果都不吃。坐在一旁的乔布斯不屑一顾地说道:切～那有什么了不起的,我们家连窗户都没有……扎克伯格听了,说"你们敢不要 face 吗？"

　　还可以在转发时，补充自己身边的真实事例：

李开复：真的故事：有个朋友名叫傅秋，到了美国马上起了个美国名字。问他为什么，他说，总不好每次人家问我名字怎么拼，我都说"Fu-Qiu"……//@ 李开复：听到一个笑话：一位留学生，他姓尤。一天，他去接来两个中国留学生，男的姓佘，女的姓何。尤先生就向美国同学们介绍："He is she, she is he, and I am you."

甚至，还可以在转发并非幽默的微博时，用幽默的方式加以点评。例如，下面我转发的这条微博把创业比作打麻将。按照这种逻辑推理，我领导的创新工场是创业公司的孵化器，那我岂不就是开麻将铺的了？

李开复：那我就是开麻将铺的了。//@ 刘俊兰亭序：今天回家看父母，又说了，我的表哥、表姐都买了很多大房子，而我至今还在租房。这么多年来，我一直不知道如何解释，创业就是这样。今天我被说烦了，我说，这就好比打麻将，我在做一副大牌，我相信，只要和一次就够了。

用真情打动人

除了幽默的图文以外，在微博中，充满温情的故事和话语，也很能引起人们的共鸣。拿我自己来说，我会时常在微博上分享一些有关我的家庭，特别是我那两个可爱的女儿的故事。其实，把我们各自正在经历的幸福和温暖分享一些出来，用不着费很大力气，就可以让更多人感受到温馨，让更多人珍惜身边的幸福呢。

有一次，有人在微博上转发了一首"程序员的小诗"：

RanWang：很美的一首小诗，while (time ++) { love ++; } http://sinaurl.cn/h4Epdu

这首"诗"，其实是用程序员的语言，用程序代码的形式，把随着时间流逝，永远爱你这样有诗意的内容表达出来，既新颖，又浪漫。看到这种表达方式，我突然想起，在我的生活中，我和女儿之间，也有类似的对话。女儿问我："你爱我吗？"我回答说："比昨天多，但是比明天少。"我其实是在用算术的方式，表达每天爱你多一些这样温情的含义：

李开复：我女儿问我："Do you love me?" 我回答："More than yesterday, but less than tomorrow." 她想了一会儿，然后笑了。跟这首诗意境一样。

我和女儿之间有趣而充满温馨的对话远不止于此：

李开复：我女儿在 Facebook 上说："我学会打麻将，我感觉好老。"我给她的留言："我学会玩植物大战僵尸，我感觉好年轻。"

女儿还会很乖、也有些顽皮地告诉我：

李开复：女儿逛街看到的，说以后把这几个挂在墙上，可不可以打电话时就不用再叮咛了。

当然，作为一名幸福的父亲，我会在微博上贴出两个女儿的照片，和大家分享我的快乐。我把她们称作"我的两个公主"：

李开复：我的 iPhone 壁纸：我的两个公主。

除了家庭中的温馨与幸福，我也会在微博上与大家分享我在工作中遇到的感人故事。比如，离开谷歌时，员工给我举办了感人的告别聚会。参加聚会的记者范海涛在微博上记录了告别聚会上的许多感人情节。我都一一转发在我的微博上了：

范海涛：谷歌负责公关关系的 PR 主持的开复的 good-bye party，她这样开场："俗话说，距离产生美。开复虽然走了，但是他看上去更美了。他在谷歌留下的都是精彩，带走的全是寂寞。"

范海涛：谷歌的工程师出了很多难题考开复，开复答不出就要挨罚。有一道题是搜索一句英文会出来一个什么两位数的数字，开复脱口而出 "38"。随后补了一句，出这个题的人就很三八，现场哈哈大笑！

范海涛：作为唯一的非谷歌、非创新工场人员参加了开复的 good-bye party。整个过程以恶搞为主，每个人都哈哈大笑。其中有无数的员工讲述开复的段子，大家在美好的回忆中和开复告别。最后，一曲《祝福》结束，开复的眼睛还是湿润了。

下面这个温馨的小故事是在图书签售时遇到的：

李开复：我在上海书城签书，有位读者说："请你题'给我爱的人——李开复'。" 我说这个不能写，我又不爱他。我问他是什么意思。原来，他是要送给他爱的人。我就题了 "给 XX 爱的人——李开复"。

用智慧征服人

有智慧的格言警句也是网友们最喜欢看的内容之一。如果在网上看到打动你的句子，可以引用或转发在自己的微博中。当然，如果自己有感悟，可以用智慧的方式表达出来，那再好不过了。

这一类的内容切忌老生常谈，不要写或者转发大家都熟悉的内容。最好是那些能够触动心灵的东西，可以引起某一类人甚至是大多数人的共鸣。语句上尽量平易、浅显，能加一点幽默的元素更好。要仔细琢磨一下，什么样的话最容易打动人，最容易被人接受。每天引用和转发别人的格言警句不要太多，最好一天不超过两个，否则你的微博就成名人语录了。

下面这条是我自己的发现：

李开复：成功的 CEO 大都是已婚并且有孩子，因为换尿布可以让你学习忍耐和坚持，夫妻磨合过程可以让你学会同理心和团队精神，养育青少年可以让你学好情感管理和影响他人。

我对才华与时间流逝之间的关系的感悟：

李开复：人的一生两个最大的财富是：我们的才华和我们的时间。才华越来越多，但是时间越来越少，我们的一生可以说是用时间来换取才华。如果一天天讨去了，我们的时间少了，而才华没有增加，那就是虚度了时光。

我引用的作家T.H.怀特的名言：

李开复：治疗悲伤最有效的方法就是去学习一些东西。当你受到打击，经历挫折，从骨子里颤抖，看到你的世界被人摧毁，体验你的荣誉被踩进下水道，发生这些事情之后，你要学的只有一件事情。学习世事为何如此变化，发生了哪些变化。这是唯一可以让心永不疲惫，永不疏离，永不后悔的事情。——T.H. White

还有《哈利·波特》的作者，J.K.罗琳的话：

李开复：J.K. 罗琳：你在挫折中成长，会更聪明和强壮，会有牢不可摧的生存能力。通过逆境的考验，你才会真正了解自己，以及你周围的人赋予你的力量。这些认知都是宝贵的财富，我历经艰辛才获得的财富，这比我得到的任何证书都更有价值。（来自罗琳在哈佛毕业典礼的：http://sinaurl.cn/h9QlwS）

乔布斯对创新、创业以及IT产业总是有着独到的见解，我在微博上，就经常引用乔布斯的话，例如：

李开复：乔布斯："很多人问我，我想创业该怎么做？"我会问他："你的激情在哪里？你的公司将做什么让你感到振奋的事情？"大部分的回答都是："不知道。"我就会告诉他："那你先去餐馆里端盘子，慢慢想，想清楚了再谈创业。我深深认为：如果你没有对某一件事情充满激情，你就不应该创业，绝不要为了创业而创业。"

李开复：乔布斯："CEO 重要的职责就是去哄、去祈求、去威胁你的员工，让他们做一切的努力达到公司的目标。我要让他们看到公司的目标比他们想象的更宏伟、更有价值，这样他们才会付出一切去达到这些目标。当他们尽了力，但是还不够好，我会告诉他们：我相信你可以做得更好，回去吧，做得更好再回来。"

此外，引用别人的名言警句，来说明自己想表达的意思，也是一种常用的写微博方法。例如，我自己引用乔布斯的名言，对创业规律的解读：

李开复：很少人愿意为大公司拼命，因为大公司无法准确测量每个员工的贡献。团队越大，个人的回报就接近于整体的平均值。而在一个几人的小公司，如果都是明星阵容，而且人人持股，那每个人就会发挥出潜能。因此 Steve Jobs 说，创业的成败取决于最早加入的那十个人。全文 http://sinaurl.cn/GZPeW

如何发"广告"

在微博上，经常有发"广告"的需要。当然，这里说的"广告"不是那种正式的商业广告，而是想推广一些希望大家看到的信息内容，比如，帮自己的公司宣布一次用户调查活动，向网友介绍一个自己公司产品最好用的特性，向大家宣传公司的理念文化等等。

写"广告"和写普通的微博不同，一定要讲究技巧。因为微博从本质上说，是一个个性化的发布平台和社交平台，大家希望看到的，是对他们有价值的个性化内容，是朋友间的真情实感，而不是推送或强塞给他们的、赤裸裸的广告宣传。所以，写类似的"广告"微博时，最好能注意以下几点：

- 刚开始写微博时，不要发"广告"性质的微博，否则，在你的第一批粉丝尚未了解你的时候，就伤害了他们的感情，可能导致你无法得到更多的粉丝。
- 偶尔发一点"广告"是可以的，但措辞上尽量不要太直接。如果可能，尽量用巧妙的嵌入手法，将广告"植入"到其他对粉丝们更有价值的内容里。
- 不要太频繁发"广告"，也不要写太多自夸、自恋的内容。
- 最好"广告"本身对大家也是有价值的，或者是大家关注、喜欢看的。

● 最佳的"广告"就是当你发出大家感兴趣的内容时，看看在不浪费大家时间的前提下，能不能"顺便"推广一下你想推的东西。

● 多留意大家的评论，看大家是不是反感你发"广告"微博。如果是，那就暂时别发了。

我自己在微博上，为创新工场旗下的一些产品做过宣传，但是，我会尽量在提供对粉丝们有用信息的前提下，做相关的"嵌入广告"。而且，即便是广告内容本身，对粉丝们也有真正的帮助，而不是纯粹为了宣传才发"广告"。

比如，创新工场旗下的豌豆荚产品可以帮助用户更好地在手机上看视频。当我向大家推荐了我最喜欢的三个演讲视频后，就想起，其实还可以鼓励手机用户直接看这些视频，而豌豆荚产品恰恰可以在这里帮上大家的忙。于是，我转发自己的微博，同时建议大家用豌豆荚软件把视频同步到手机上看：

李开复：如果太忙没时间在 PC 上看，可以下载到手机、MP3、PSP 上，利用时间碎片来看。下载这个软件（http://sinaurl.cn/hiDysA），然后把链接拷贝到视频框，再插上设备同步，就可以了。//@ 李开复：三个我最推崇的演讲：1）乔布斯 2005 年斯坦福大学毕业演讲 http://sinaurl.cn/hfmAv；2）罗琳 2008 年哈佛大学毕业演讲 http://sinaurl.cn/h0TvM；3）兰迪教授的最后一课 http://sinaurl.cn/htq8Q

也就是说，在微博上发放的"广告"最好能达到"非广告"的效果——从内容上看，对网友有价值，可以吸引人，不是纯粹的广告宣传；但又能在客观上起到广告宣传的功用。一举两得，当然可以收到奇效。

例如，我会在讲创新工场趣事的时候，貌似不经意地，把创新工场旗下的两个项目讲出来，让大家知道这两个项目的名称，认识他们的负责人：

李开复：创新工场两个项目（@ 豌豆实验室 @ 友盟）的负责人年龄加起来，正好跟我一样。

更多的时候，我在介绍创新工场的办公室环境，漂亮而简约的装修以及创新工场的文化氛围时，客观上起到了宣传创新工场的作用。

比如，我向网友们介绍创新工场前台摆放的有趣的鸟巢灯：

 李开复：在我们的前台，放着自己做的鸟巢灯——我们用树枝编成鸟巢，在灯具城淘到蛋形灯泡，找到朋友帮我们做单片机控制灯效。一枚枚蛋形的灯泡在鸟巢中以呼吸的频率忽明忽暗，仿佛一个个了不起的创意正在孕育。全文：http://sinaurl.cn/G4M4A

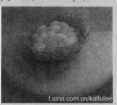

t.sina.com.cn/kaifulee

我谈创新工场的文化：

 李开复：有人问我曾经在苹果、微软、谷歌工作，从这三家公司学到什么文化想要移植到创新工场？我的回答：苹果式专注用户体验、改变世界精神、理解范式转移 + 微软式的战略分析、商业模式、当责精神 + 谷歌式的平等创新、一流人才、互联网文化、实时回馈 + 创业公司的速度、主人翁感、打拼精神、创业环境。

我向大家介绍创新工场的趣事：

 李开复：我们每个工友都很可爱……// @蔡学镛：很多反复性操作可通过写个简单的电脑程序来自动处理，以节省大量时间，PowerShell 与 AppleScript 就很适合做这类工作。前天我帮公司的行政 MM 写了个脚本，以后她只要花一两秒运行这个程序，就可以省下一两小时的时间，而且可杜绝人工出错的机会。为了提醒她感谢我，每次运行此程序都会有下面的对话框。

有很多巧妙的方法，可以在微博里嵌入对公司、产品、理念的"广告"。但一定要记住，这一类内容不要太多，不要做赤裸裸的、对粉丝无用的纯广告。只要把握好技巧和发布的频度，你的微博"广告"也一定能收到不错的宣传效果。

MICRO-BLOG:
Changing the World 微博：改变一切

第五章 CHAPTER FIVE

如何吸引粉丝

写好微博的内容，在微博中展示出自己的个性和特点，是吸引粉丝的前提条件。但只有内容还不够，为了吸引更多的粉丝，还需要多学些有效的经验和方法。

吸引粉丝，从0到100——交换关注

新手刚开始写微博时，粉丝数量都是从零开始的。绝大多数新手都非常想知道，该如何将粉丝数量由0变成100。其实，只要按照下面的几个方法去做，得到你的第一批粉丝，并不是很困难。

首先，作为一个"零粉丝"用户，你必须主动去关注别人，别人才有可能反过来关注你。那么，如何寻找最合适的人来关注呢？我的建议是：找与你最相似的人。因为只有爱好相似、特点相近的人，才会有相同的话题，才会互相关注。

微博提供的标签和搜索功能，是寻找粉丝的重要方法。微博提供的找人搜索一般都可以直接搜索名字、昵称、话题、标签等。例如，你是一个标准的"宅男"，想找一找微博上类似的"宅"人有哪些，那你可以直接在微博搜索中，限定搜索"标签"，然后搜索"宅"字，就可以看到同样为自己打了"宅"字标签的微博主的列表。如下图所示：

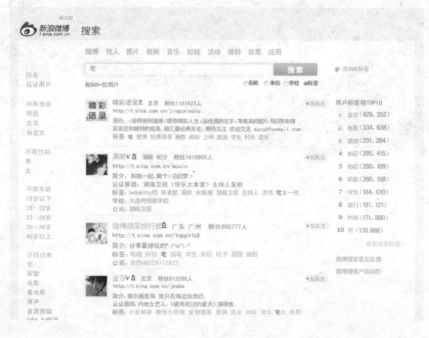

当然，你也可以通过微博搜索，直接搜索你感兴趣的话题，比如搜索"美剧"，就可以看到有哪些人正在微博中讨论美剧。然后，可以从搜索结果中，进入每个微博主的主页，看看他们的昵称、头像、简介和微博，找出其中你最感兴趣的微博主，开始关注他们。如果被关注的人通过微博提醒发现你开始关注他，那么，他们也会反过来阅读你的自我介绍、标签和微博内容，就很有可能因为兴趣相似而成为你的粉丝。

除了搜索和标签功能以外，你也可以利用微博上的人气榜，找出你喜欢的明星、名人，然后看一看都有谁像你一样在关注同一个明星或名人。通过关注对象，也可以找到性格相投的朋友。

其次，你要有意去寻找那些最活跃、最愿意关注别人并与别人交流的微博主。这样的微博主，你关注了他们，他们反过来关注你的可能性才比较大。那么，怎么才能找到这一批活跃的、愿意关注别人的微博主呢？

有一个方法是在热门微博、热门评论中，找那些经常主动评论、主动转发的人。这些人在微博上最活跃。当你关注他们时，他们也很愿意反过来关注你。

另一个方法是，看一下对方的粉丝数量与对方的关注数量之间的关系。假设某个人的粉丝数量是50，但他关注的人的数量是500，那说明这个人是个疯狂寻求关注别人的人。无论他是出于什么目的，他都可能比较容易地成为你的第一批粉丝，有助于你后续扩大粉丝基数。除了这些"狂粉"之外，那些关注他们的50人很可能也是像你一样刚开始找方向的人。你也不妨去关注这50人，尤其是兴趣和你一致的。

当然，利用上面这两种方法找到的粉丝，并不一定是真心喜欢你的微博的人，你也不一定真的喜欢他们的微博。在吸引粉丝的最初阶段，这样通过交换关注得到的粉丝，对你还是有一定价值的，至少可以让你的粉丝数量看上去比较舒服，不会有无人喝彩的感觉，才有利于吸引更多粉丝。但是，当你的粉丝数量增加到一定程度时，如果你还是不喜欢他们的微博，就不妨取消对他们的关注。

第三，一旦关注一批人后，你要在微博上多评论他们的发言，别人才有可能注意到你。礼尚往来，在微博上也是这个道理。如果你经常评论一个人的微博，经常夸奖他的语言风趣、内容有价值，那他一定会反过来注意到你，并可能进一步关注你，成为你的粉丝。留言时，不妨多慷慨赞美他们的观点。如果一段时间后，他们还没有关注你，你也可以直接留言请他们关注。

第四，在其他网站，比如你的个人网站、个人博客等地方，给出你的微博主页的链接，甚至还可以在你的电子邮件签名中、你的个人名片中写上微博地址。这样，当网友从别的地方认识你时，就很自然顺着链接，找到你的微博。

第五，在增加粉丝的初期阶段，保持每天都发几条吸引人的微博。这样，每天新来的网友，就不会因为新鲜出色内容太少，而丧失对你的微博的兴趣。要理解，大部分人在关注一个人之前，会先看看他现在的首页，也就是最新发的十个左右的微博。所以，你要尽量保持在任何时候，你的十个最新微博都是有足够吸引力的。反响好的微博可以隔几天再用转发自己并加新评论的方式重复发一次，因为初期来看你微博的人很不固定，新来的人有可能错过以前的精彩内容。

第六，初期尽量看看微博上与你同类的人、你正关注的人都在讨论什么话题，尽量写些类似话题的微博。这样，他们来到你的微博主页后，就很容易产生共鸣，进而成为你的粉丝。

只要有好的内容，又有一定数量的第一批粉丝，那么，你的微博就有可能被粉丝们转发和评论，并进而吸引更多粉丝关注，一旦形成滚雪球的效应，你的粉丝就会自然而然地稳步增长了。

吸引粉丝，从100到1 000——请人转发和推介

当你的内容够好之后，当你已经吸引到第一批粉丝之后，就可以想办法大规模增加你的粉丝了。这时，要找的就不仅仅是能凑够数量的粉丝，而是真正喜欢你的微博、喜欢你的个性特点的高相关度粉丝。要把你的粉丝数量从100提升到1 000，甚至更高，仅仅靠交换关注是不合适的。这时，最有效的方法是，耐心地请那些粉丝众多的微博主，帮你转发和推介你的微博。

当然，首先要找到，哪些微博主才可能并且适合帮你做转发和推介。通常，你的好朋友、与你有共同话题的人、与你个性相似的人、在微博上与你互动良好的人，或者非常热情愿意帮人做转发和推介的人，都可以成为寻找的对象。还有，与寻找你的关注对象类似，多找人气高的微博主，既可以通过微博的人气榜来找，也可以通过话题或标签搜索来找。

找到人气高的、可能帮你推介的微博主后，先准备一条或几条你认为写得

很好、足以吸引人目光的微博。然后，可以通过留言或私信的方式直接告诉人气高的微博主，你希望他们帮忙转发和推荐。当然，留言和私信中，不要只是恳求别人推介，而要给别人一个理由。比如"能帮忙转发我的微博吗？我想，我关于iPad未来的分析对你的粉丝可能很有帮助"、"请帮忙转发，我热爱摄影，想通过照片与更多摄影爱好者成为朋友"等。如果不直接留言、私信，那也可以在你的微博或评论中，用"@"提及他们的名字，引起他们的注意。

人气高的微博主帮你转发时，如果能给你做个吸引人的介绍，那就再好不过了。例如，向若珲是创新工场的一个实习生。我在微博上看到，他写了一篇不错的关于创新工场工作氛围的微博：

> 向若珲：我喜欢创新工场，喜欢这里的人和事，喜欢这里的自由气氛，这里有彼此交心的朋友，也有令人激动的项目，有我尊敬崇拜的大牛，也有和我一起成长的新人。我想说，在个人职业生涯的初期能加入到这样的公司，这样的一群人中来，应该心存感激并好好珍惜。

于是就帮他转发，还加上了我对他的介绍：

> 李开复：若珲是创新工场很有传奇性的一个实习生。他追随自己的心，自学了设计，两年内拿到设计大奖。他说服了老师，让他不上课只考试拿学位，能够延长实习期，既不放弃工场，也不放弃学位。他聪明地把自己的才华成功地拓展到追女朋友上。在今天充满迷茫的大学里，他是一个值得关注的文武双全的奇才。

这条介绍一下子吸引了很多人的目光，给他增加了数以千计的粉丝。如果只转发不评论，或只是随便说几句，他很难得到实质性的粉丝数量提升。

私信在微博世界里用得非常普遍。在很多情况下，都可以用私信来扩张你的圈子。例如，可以发私信给已经关注你的人气高的微博主，或者给那些人气高而且开放私信（即在隐私设置中允许所有人都可以向他发私信）的微博主。大胆利用私信，请这些微博主帮你转发或推介。

找人推介时，也不要只看他的粉丝数量，或他推介后的转发数量，还是应该找到与你个性特点比较近似的人，粉丝群体特征也比较近似的人，只有这样，他粉丝群体中的人才最有可能成为你的忠实粉丝。否则，仅靠大量转发得到的粉丝，有可能很不稳定，过一段时间就可能取消对你的关注。

最佳发微博时间

　　微博的用户数量非常大，每天新产生的微博也非常多。对一个微博用户来说，他每天阅读微博时，他所关注的所有人新发布的微博都会出现在时间流中。大多数人通常没有办法读完所有的微博，而是只读那些他们上微博主页后看到的最新的内容。这样一来，发微博的时间就变得很关键——如果要更多的人看到你发的微博，那么，一定要选择最合适的发布时间。

　　首先，人们每天上网看新鲜事物的时间通常比较趋向于几个集中的时间段：上午9:30～12:00，下午3:30～5:30，晚上8:30～11:30。这几个时间段就是发微博的黄金时段。按照在线用户的活跃程度来排序，一般是晚上活跃用户最多，上午其次，下午稍少一些。

　　当然，工作日和周末的最佳发微博时间大不一样。在工作日，人们朝九晚五上班工作，上午、下午和晚上都有集中上网的时间。周六和周日因为大家要休息，上网看微博的时间相对工作日要少很多，而且分布也不是很有规律。一般来说，周末上午看微博的人少，下午和晚上要多一些。而且，周六看微博的人最少，周日要多很多。如果你写微博需要每周休息一天的话，那选择在周六休息就准没错。

　　其次，根据微博读者对象的不同，发微博时间也略有差异。比如，如果你写微博主要是给大学生看的，那你也许要考虑到，大学生没有太明显的周末、工作日的规律，周一到周五因为要上课，白天反而上网的时间少，周末上网的时间则最多。所以，发给学生看的微博，可以选择在工作日的晚上或周末的下午、晚上发。

　　再次，微博内容不同，最佳发微博时间也有不同。例如，如果发的是业界新闻、行业动态，那你最好在上午工作时间发，这时，关心此类内容的办公室职员、白领等人群，多半正在微博上浏览相关信息。如果想发布有关人生感悟、娱乐休闲、家居生活等话题，那最好是在晚饭之后的时段，大家不再因工作而操劳时发出。周五下午，通常可以谈谈周末娱乐方面的话题。周末或假期则可以面向学生发布相关内容。

利用节假日效应

　　每逢节假日，微博上的粉丝们往往会关心一些特定的话题，并大规模转发某些特定的内容。例如，圣诞节前后，大家会大规模在微博上互致圣诞问候，并大量转发圣诞相关的笑话、段子、图片、故事……在情人节期间，那些柔情蜜意的图片、诗篇，有关爱情的格言警句，可以营造氛围的照片、文字都会成为大家转发、追捧的热点。一年之中，学生的寒假、暑假，以及元旦、春节、情人节、清明、母亲节、端午、七夕、中秋、教师节、国庆、圣诞节等，都有不同的微博热点。可以尝试着预先做些准备，比如提前5到10天就准备好一些自己想发的内容。如果能在每个节假日多发一些最相关的微博，一定可以收到很好的效果，吸引众多粉丝的关注。

　　例如，在教师节，我发微博感谢我人生中的几位良师：

李开复：教师节感恩：1）中学数学老师Albert，她鼓励我让我喜爱数学，每周开车送我去大学上她教的微积分；2）大学教授Myron，他教我：人生的目的就是让世界因你而不同；3）博士导师Reddy，他在我提出不用他的方法做论文后，告诉我："我不同意你，但是我支持你"；4）Sister Mary David是个有耐心的修女，每天牺牲自己的午餐休息时间来教我英语。我有四位伟大的老师，实在很幸运。

　　在母亲节，我把两年前写给母亲的深情文字发到微博上：

李开复：儿子是母亲最甜蜜的牵挂，两年前写给母亲的文章：http://sinaurl.cn/hc714

在圣诞节，我发了好几张有趣的图片。其中一张是：

李开复：圣诞夜发生的意外。

应该注意，有些重要新闻、时事也会改变当天的微博气场。比如说，上海胶州路大火哀悼的那天，你就不应该在伤痛的时间发搞笑的微博。如果你看到大家正在讨论重大事件，那就不妨想想，你是否有合适的、有深度的内容可以即时发出。这种实时讨论就像在真实生活里一样，要及时，热点过了就很难激发网友的兴趣。

如何转发

在微博平台上，相互转发是扩大影响力、加速微博内容传播、吸引更多粉丝关注的重要手段。从这个意义上说，转发是"群体智慧"的表现。正如前面说过的那样，写微博时，我的角色是记者，而转发微博时，我的角色是编辑。因此，转发微博也是一种技能，就像一个好编辑要善于发现好文章、好作者，并善于编辑、加工和再包装一样。善于转发微博的人，总是能在最恰当的时机，转发对自己的粉丝最有价值的信息，同时还会用符合自己特点的评论，为转发加上"点睛之笔"。

根据我的总结，转发微博时，要注意以下几点：

●慎重挑选要转发的内容。转发在事实上表示该内容得到了你的认可，也代表了你的品位，不慎重使用转发，不但会失去粉丝，更会伤害你自己的信誉。

●微博是个性化的平台，内容还是应以原创为主，转发不要超过自己微博数量的一半。

●特别值得转发的内容，可以在最后加一句"请转发"。

- 转发时尽量增加自己的简短评论，或从转发的内容里挑一句经典的话，这样，你自己才会被大家关注。

- 自己转发自己：对于自己发出的，比较受欢迎的微博，几个小时后可以加一句话或者加一个问题，通过转发的方式再发一次。这样，即便错过了看第一条微博的粉丝，也有机会再看一遍。而看过第一条微博的人，也可以从第二次转发中找到新的信息内容。

- 利用转发来发起病毒传播。例如，关于慈善、爱心活动的转发，在内容上标明"慈善"、"援助"等字样，就很容易一传十十传百地连环转发下去。微博上也有人玩文字接力的游戏，可以用连环转发的方式不断续写一条微博，也是病毒传播的一种。

- 对于留言或私信要求你转发的请求，适当地选一些好的来转发，但不宜过多。

- 转发和留言最好少于100字，免得别人再次转发时，要删除你的字（因为转发的字数上限也是140字）。

- 不要用转发的方法米回应针对你的，负面或恶意的微博、留言，因为那样反而帮他做宣传了（有些网友只看被转发的内容，而忽略转发者的评论）。

- 转发或转载信息时，记得不要隐藏出处、原作者、原始网页链接等信息，即便字数有限时，也尽量只删减言论，而保留作者姓名（这和学术著作里严谨的引用规则一样，受所有微博用户的尊重）。

举例来说，我曾读到下面这条微博：

刘东华：圣经故事里说，有一次一群人牵着一个通奸的妇人来找耶稣，按律法这个女人该被乱石砸死，人们问耶稣要不要砸死她。耶稣说：你们当中哪个是没罪的就先拿石头打她吧！那些人想了想，一个个羞愧地退了出去。如果今天发生同样的一幕，我们身边一定会有很多人争着拿起石头砸那妇人，以证明自己的无罪……

微博中用圣经故事对比现实世界的手法引起了我的兴趣。我对这条微博进行了转发，同时加上了下面这样的评论：

李开复：圣经里的 "Let he who is without sin cast the first stone" 变成了 "Let he who is without shame cast the first stone"

转发之后，我发现很多粉丝不明白其中英文的意思。为此，我连环转发自己刚转发的微博，在刚才增加的评论前面，填上英文内容对应的中文翻译：

> 李开复：翻译：从圣经里的"让无罪者扔第一块石头"变成了"让无耻者扔第一块石头"。 //@李开复：圣经里的"Let he who is without sin cast the first stone" 变成了 "Let he who is without shame cast the first stone"

这样，整个转发到再转发的链条就完整了，既有我从原始微博中想到的英文内容，也有英文内容对应的中文翻译，读者可以从原始微博读到我的评论，再读到中文翻译，得到最完整的信息内容。当然，从此以后我会提醒自己：发英文微博尽量带翻译。但是这样的再次转发，可能也增加了总的转发者和阅读者数量。

在微博上的连环转发，甚至可以不断在两个人之间来回传递，连接成一个完整的对话链条。例如，对微博上有人讨论张宏江的头发为什么是偏分，张亚勤给出了幽默的回答。而我转发后，张亚勤又连环转发，如此在我和张亚勤之间反复了几个来回，最终，连环转发形成了一个完整而有趣的对话（因为每一层转发都有"//"做分隔，大家可以很容易按照逆序，再现当时的对话场景）：

> 李开复：聪明绝顶，该成语源于此。 //@李开复：原来智慧光芒是这么来的…… //@张亚勤：可以看到宏江头上闪烁着智慧的光芒 //@李开复：没关系，别人拔一根，他再拔一根，还是偏分，最后…… //@张亚勤：宏江惨了， 此微博一转很多人都想拔宏江一根头发使其变成偶数 //@李开复：亚勤的笑话 //@言冬：为什么@张宏江的头发是偏分，@张亚勤解释说，因为宏江的头发总数是奇数，无法均分。

因为有你添加的评论，好的转发其实可以帮原始微博增光添彩。比如，刘兴亮曾经在微博中发了一张诡异的天空照片：

刘兴亮：异象

原始微博只是提到这是天空中的"异象"，并没有做任何引申。我在转发时，就按照我的理解，增加了一句富有哲理的解释，我说：

李开复：这就是所谓的："Every cloud has a silver lining"，意思是：黑暗中总有一线光明。

这样一来，我的转发给原始微博增色不少，就像给好的图片配上富有诗意的注脚一样，这样的转发一定会为原始微博和转发者都带来更多读者。

合适的发微博频率

除了发微博的时间段以外，发微博的频率也是一个值得考虑的因素。

首先，作为一个尽职的微博主，最好能天天都发微博，别让粉丝忘了你。

但是，一天发的微博数量过多，会在粉丝看到的页面上，造成"刷屏"现象，引起大家的反感。而且，数量多了，微博的质量也会下降。因此，保持一天发10～15条，这是一个比较合适的频率。

另外，每天不同时段的微博数量尽量均衡，比如每天早上、下午、晚上各发3～5条。

每条微博之间，最好间隔一定时间再发，比如相隔20分钟左右，或者更长时间。因为读者在某个时间看到你发的多条微博时，通常只会仔细阅读最新的一两条，而忽视之前的微博。这些都经我实际验证过。

总的来说，发微博的原则是"宁缺毋滥"。在没有好的内容时，宁愿少发或者不发，也不要过多地发布低质量的内容。对于一个关注度本来就不高的新微博来说，以过高频率发布过多的低质量内容，无异于赶走粉丝的自杀行为。

对于微博新手来说，一开始因为高质量的内容少，发布频率低一点比较好，每条微博的间隔时间也相应地长一些，比如一两个小时以上。等到写微博逐渐熟练，微博内容的质量越来越高，就可以逐渐提高频率，每天多发一些微博，每条微博的间隔时间也可以短一些了。

与粉丝互动

吸引粉丝关注、留住忠诚粉丝的一个非常重要的方法，是在微博平台上，经常保持和粉丝、网友之间的互动。

微博上的互动类型有很多种，通常包括：解释和说明、提问和回答、征集意见、发起话题讨论、不同观点的辩论、发起投票、有奖竞答或竞猜等。做这些互动时，要注意几点：

首先，在写微博时，微博内容可以适当留出扩展、发挥的余地，给别人接续话题的空间，或者再创造的欲望，不要写成所谓的"死帖"。

其次，有的微博最后可以用一句话问个问题，这样就很容易引起大家兴趣，使大家参与讨论。但是，对于问题型的微博，你既然发问了，就一定要负责任地查看粉丝的每一个回复和评论，你自己也要积极地参加讨论。

最后，要保持互动时的风度。不要生气，不要鄙视别人。尽量不要删除别人的评论（纯粹的恶意广告可以删除，出言不逊、态度恶劣的网友则可以考虑屏蔽他，但要谨慎处理）。

我经常在微博上发起大家的讨论、投票。这些与粉丝、网友的互动活动，既可以帮助我从多角度分析问题，了解大家的想法，也活跃了微博的气氛，增加了参与感，使粉丝更加喜欢我的微博。

例如，针对我在微博大会上提出的"我在做什么" 升华到"我在想什么/我在关注什么"的提法，我就发起过下面这样的讨论：

李开复：今天在微博大会，我提出微博很大的进步就是从"我在做什么" 升华到"我在想什么/我在关注什么"，让内容更有深度。有几位朋友不同意我的看法，认为我"太哲学家"了，而大部分人还是更喜欢分享自己在做什么，还有观察别人在做什么。是这样的吗？

针对这个讨论，有1 000多个网友转发，最终得到了1196条回复。可以说，这个讨论非常成功，很多网友都在回复中贡献了他们的真知灼见，有些见解让我受益匪浅。作为示例，在这里摘录一些精彩的网友观点：

同意开复老师的观点，"我在想什么"、"我在关注什么"的成分多得多~思考问题的微博能看到自己的成长~

我赞成李博士的看法，你在做什么并不关键，你在想什么则或许值得别人借鉴，所以只记录你在做什么的微博是写给自己的，同时记载你在想什么的微博才是兼顾大家的，所以各遂心愿。

不是的，我关注我在想什么，我在关注什么。微博是情感与思想的产物，如果内容没有深度，必死无疑。

微博不仅让大家了解别人，也同时让别人了解自己，但是这个平台我觉得更应该是提供提升自己的平台，知自己所不知，想自己之前所未想的。东西都为我所用了，才是最好的结果，不是吗？

我上微博主要是想了解他人的动态，同时也想让陌生人知道我在做什么，想什么。让他们知道一些不能让熟人知道的秘密。我想，这应该也算是一种倾诉吧~

"做什么"像是物质信息，"想什么"像是精神信息，所以我同意，分享和关注"想什么"的微博越来越多是微博的一种进步。

这也是为什么我对微博从不屑一顾到时刻关注的转变。微博成为了一个我时刻了解世间变化的窗口，更可以方便借鉴专业人士的眼光来关注社会，反省自己。谢谢您的剖析！

我想是不同的人有不同的需要吧，微博只是一种使用工具。使用主体不同，目的也就不同。所以有的人喜欢表达自己在做什么，有人喜欢通过微博找到更多的有共同爱好的朋友，即便是同一个人在不同的时期也有不同的角度发表微博。所以说微博对个人和社会都是一个大大的平台。

我也会通过微博这个互动平台，向粉丝们征集向名人提问的问题：

李开复：明天要和下面三位在一起一天，大家有什么问题想问他们：《纽约时报》新闻主编、《商业周刊》执行主编、《芝加哥论坛报》的普里策奖得主。（这是百人会赞助帮助美国媒体理解中国的项目）

这个征集在短时间内就收集到了很多很好的问题。摘录几条如下：

我想知道他们如何看待优秀美国IT企业如雅虎，google的企业文化对中国的影响。希望这个消息能被看到：）

我想问一个行业内的问题：面对网络等新传播方式，比如，我注意到三个主编所在媒体的印刷版广告都是直线下降的，你们焦虑么？各位主编对纸媒如何应对新传播方式有何高见？

想问《商业周刊》执行主编：请问美国是全球最大的债务国，美元贬值是不是最好的一个解决办法？美元贬值到底要走多远？现在的反弹是不是假象？

移动互联网未来的趋势。手机广告和互联网广告有什么不同？

都是我的美国同行。很想请开复兄代问，他们对纸质媒体尤其是杂志在新媒体时代的未来到底怎么看，财经类杂志还能做多少年？多谢。

　　微博平台通常也都提供了发起和组织粉丝投票的工具。我在微博上就曾发起过很多投票。例如，我们正在筹划2011年举办一次有关互联网产业、创业、投资和创新的大会，就在微博上发起投票，看网友们最希望哪几位业内名人到会。投票的题目是："如果能请三位来中国演讲，你最想听谁的？"这个投票有7 529人参与（每人最多选3位），结果非常有趣：

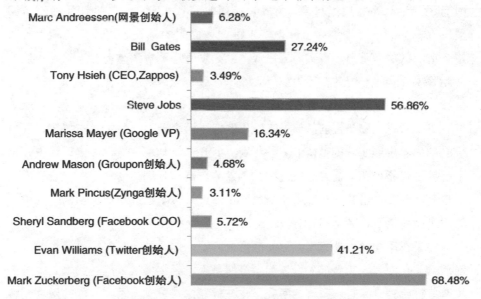

　　除了主动地在微博上发起与粉丝间的互动，我们还要特别留意粉丝的反馈，及时作出正确回应，这也是保证粉丝忠诚度、增加粉丝数量的关键。

　　在微博上，我会发布一些比较难懂的英文内容或视频，然后再通过留言，看粉丝们看懂了没有，如果没有，我就给大家详细地解释。比如，有一次我转发爱迪生的一句话：

李开复：I failed my way to success. —— Thomas Edison

发出后，很多网友留言说，不明白这句话的含义。我就借这个机会，发微博跟大家解释这句话：

李开复：有网友说不太懂。爱迪生发明灯泡尝试了700次才成功，但是他说："我不是失败了700次，而是成功地学习了700次错误的方法。唯有排除错误的方法，我才能找到成功的方法。"也就是每一次失败都是一次学习，所以说失败是成功之母。

发出微博以后，一定要记得抽空儿看看网友的留言、评论。我虽然没有办法读每一条留言，但是每发一条微博，我都会看看最早的几十条留言，以确保没有说错话。当我用提问题的方式发微博时，我一定会负责地读完每一条回复。有时候，一条微博会引起很多人批评，如果的确是因为微博内容上的疏漏，或者的确有观点、事实上的错误，就必须考虑删掉该微博。当然，太过分的删除操作也是不好的，因为如果删除了已经有人转发的微博，别人的转发就失去上下文了。对恶意留言的删除也不能太过分。

有一次，我和一位前任部长吃饭，他开了两个玩笑，我觉得挺好笑，就把玩笑的内容发到了我的微博上。没想到，好几个粉丝都在评论中告诉我说，这个玩笑不但不好笑，而且有歧视和欺负人的嫌疑。看到这样的评论，我意识到了自己的疏漏，就赶快把那条微博删除了，还好没有造成更坏的影响。如果当时发了微博之后，完全不看粉丝的反馈，可能就会有大麻烦了。

如果在网上看到恶意批评你的微博或评论，你想要辩解时，最好也要三思而后行。这时，一定要先看看，那条微博是否已经传播得很广。如果它本身还没有怎样传播开来，那最好的回应，也许就是保持沉默。否则，你的回复或转发反而让更多的人看到对你的恶意批评，其实是帮对方做宣传了。

总之，在微博上有很多和粉丝、网友互动的方法，只要善于使用各种互动技巧，同时细心收集、听取反馈意见，你一定能赢得越来越多的粉丝关注。

MICRO-BLOG :
Changing the World 微博：改变一切

第六章 CHAPTER SIX
微博的商机和未来

今天，微博已经用它的神奇魅力，在互联网上为我们展示了一个崭新的社会化传播平台，为每个普通的网民提供了一个表现自我、传播信息、与朋友互动的最好渠道。那么，对于互联网产业发展来说，微博意味着什么？对于利用互联网推广品牌、推销产品、服务客户的企业来说，微博意味着什么？对于千百万应用开发者来说，微博又意味着什么？微博的明天将是什么样子？

微博的商业模式

作为一个社会化的传播平台，微博本身具备了媒体的许多特征。而在商业模式上，媒体与广告则是天生的搭配。有媒体的地方，就总有可能通过适当形式的广告，创建可持续的盈利模式。

互联网上的广告经历了显示广告、分类广告、搜索关键字广告等不同的发展阶段，总的方向是向着越来越有针对性发展。例如，早期的显示广告投放在许多不同类型的页面上，看网页的人并不一定是广告的目标用户。今天，以谷歌、百度为代表的搜索引擎，利用搜索关键字广告，只在用户搜索那些匹配了广告的关键字时，才显示广告信息。这种搜索关键字广告在广告投放的针对性上相比于传统广告是一种巨大的提升——因为用户关注并搜索了与广告相关的关键字，广告当然就很有可能对该用户有价值，用户也就更愿意查看或点击广告。

社交网站以及微博服务的出现，为提升广告投放的针对性提供了另一种可能——基于朋友圈子、共同话题的广告投放。

设想一下，如果微博平台上有一个"最酷跑车"的微博，每天发布高质量的关于跑车、汽车赛、顶级汽车制造等内容的微博，一定会吸引到为数不少的粉丝。那么，我们很容易推想，这个"最酷跑车"的粉丝中，绝大多数应该是跑车迷，是因为喜欢跑车才聚拢到这个微博里来的。假设微博平台可以用某种形式，为某广告主一款新上市的跑车投放广告时，这个"最酷跑车"的粉丝群，就是相当不错的投放对象。

再进一步设想一下，如果在"最酷跑车"的粉丝群，乃至其他关心跑车、赛车的微博用户中，某一段时间内，大家都在热议上海F1汽车比赛的话题（利用微博的实时搜索和话题趋势等功能，可以很容易地跟踪、分析热门话题），那么，微博平台如果有一种合适的方式，为那些参与这个话题讨论的用户，投送关于F1汽车比赛门票或F1周边产品的广告，其广告投放的效果也一定很不错。

也就是说，微博上人群之间的"关注"关系，用户为自己写的标签，用户正在参与的热门话题等因素，都可以用来增强广告投放的针对性，让最合适的广告，找到最需要该广告的用户。只要有好的针对性，只要广告对目标用户真的有价值，广告主、用户以及广告发布者（可以是微博平台，也可以是微博主或应用开发者）之间就是一个三赢的关系。

当然，在微博上进行广告营销，一定要注意方式和方法，任何不顾及广告的针对性、强制发布广告的做法都会损害用户利益，并最终伤害微博平台。例如，目前业界公认的是，微博平台不能在用户首页上的正常微博流里混入广告微博、广告链接或广告文字。用户选择看哪些人的微博是用户的自由，是用户进行了个性化定制的结果。在用户看到的微博流里插入广告内容，无异于对这种个性化定制的破坏，也是对微博本身特性的破坏，只会最终导致丢失用户的结局。

对于微博主来说也是如此，如果你的微博本身就是关于某一类产品或某一类话题的（比如前面举的"最酷跑车"的例子），那么，在你的微博中，适当地投放一些有针对性的广告内容未为不可（当然数量也不能太多），但是，如果是凭借个人魅力、个人品牌才赢得了数量众多的粉丝，那你在发布纯广告性的内容前，一定要三思——你的粉丝并不是为了看广告才来到你的微博的，你的粉丝与你发布的广告也不一定有相关性。随意发布广告，只会让你的粉丝悄然离去。最好的方法是用巧妙的方式，把广告嵌入到对粉丝们真正有用的内容里。大家可以参考本书前面"如何发'广告'"一节。

此外，微博也可以利用自身提供的搜索功能，像搜索引擎那样，基于关键字的匹配投放广告。例如，在海外流行的微博服务Twitter上，结合实时搜索的"微博推广（Promoted Tweets）"就是最重要的广告模式之一。例如，当你在Twitter的搜索框中搜索"ATT"时，你会看到，在第一个搜索结果的下方，出现了明显的"Promoted by Share ATT"的字样，如下页所示：

带有"Promoted by ……"的搜索结果，就是广告主付费，Twitter平台在实时搜索中加以推广的广告内容。此外，在Twitter平台的关注建议（即建议用户可以关注哪些微博主）列表中，付费广告主的微博账户也会带着明显的"Promoted"字样出现。

事实上，除了上面所说的推广类广告之外，Twitter平台还在尝试一些不同

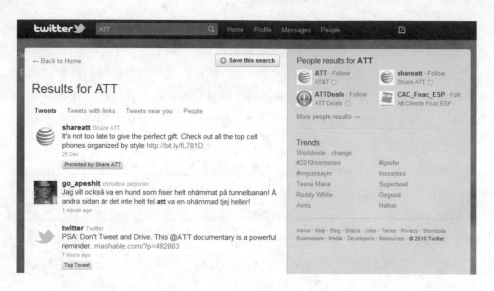

的商业模式。据艾瑞咨询集团2010年的Twitter案例研究报告，Twitter上的商业模式包括：

- **实时搜索**：侧重专题过滤与提供话题搜索，实时数据监控。
- **广告**：利用微博推广（Promoted Tweets）的模式，是Twitter上的主要广告合作模式与收入来源。
- **高级账户收费**：针对企业用户收费，提供流量分析、品牌宣传等服务。
- **移动与客户端服务**：付费客户端出售，客户端的显示广告等。
- **平台开放与合作**：开放API，鼓励开发者进行应用服务开发。
- **战略合作**：与品牌企业战略合作，拓展业务领域，提升品牌影响力。

另外，Twitter与搜索引擎如谷歌等的合作，如Twitter为谷歌提供内容，以支持谷歌的实时搜索功能等，也是Twitter正在探索的商业模式之一。

在各种商业模式的探索方面，国内微博服务提供商也正在积极寻找最佳的方案。例如，据新浪微博负责人曹增辉介绍，新浪微博平台的商业化以广告自助和应用增值服务两个方面为主。在微博以前，通过新浪博客的共享计划，一些知名博客主每月的广告收入超过万元。与博客上的广告投放相比，新浪微博将会提供更加多元化的广告模式。在这个广告服务平台上，广告主和开发者可以进行双向选择，并实现自主竞价。开发者在新浪微博平台上开发的应用增值服务，新浪微博平台与开发者将采用固定的分成比例，把应用增值服务的大部分收入给开发者。

微博与企业营销

对于企业来说，微博是一个再好不过的营销平台。每个企业都应该重视微博，运用好微博。

用微博进行企业形象推广，开展市场活动，或者与客户沟通，目前几乎已经成为了一种趋势，很多企业都已经在这么做了。美国的百思买（BestBuy）、百事可乐、戴尔、星巴克等，很早就在利用Twitter账户进行推广和客户服务工作。

微博可以为企业提供多方面的服务。百思买公司就曾归纳过，他们利用Twitter做的事情包括：

- 动员所有雇员在Twitter上关注自己的市场和客户；
- 利用一些免费促销手段创造和客户对话的机会；
- 认真聆听客户，针对获取的信息做出行动；
- 培养Twitter上的企业形象；
- 配备专业人员维护企业在Twitter上的账号。

如果企业有自己的官方微博账号，企业领导者也有个人账号，那么，无论是企业账号还是个人账号都可以用来发布企业相关信息，帮助企业提升企业形象，推广企业品牌。本书前面章节提到的企业账号"360安全卫士"和个人账号"周鸿祎"，就是同时利用企业和个人品牌，推广企业文化、企业形象与产品的例子。

企业可以利用微博平台，开展市场推广活动。例如，星巴克曾经在Twitter上发消息说，在"地球日"当天带着可重复使用的平底杯来到星巴克连锁店的顾客，都可以享受免费续杯的服务。这就是一个不错的利用微博进行市场营销的例子。

凡客诚品（VANCL）在新浪微博上发布市场活动，进行品牌营销。事实上，像"凡客诚品"、"VANCL粉丝团"这样的微博账户，是由企业开设和维护，提供了一座非常好的企业和用户之间沟通的桥梁。企业可以利用这一类账户发布很多产品、市场活动等相关信息，也可以利用这一类账户向用户传播企业文化，树立企业形象。2010年，在微博上非常流行的所谓"凡客体"，其实就是凡客诚品的粉丝们，因为钟爱凡客的企业形象和企业文化，自发地、充满草根精神地创造出来的一种娱乐活动。

凡客体来自凡客诚品的代言人韩寒为凡客设计的一个广告宣传的文字模板：

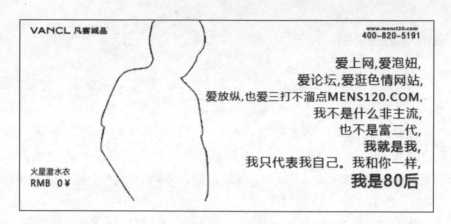

在微博上，网友们因为喜欢模板中个性十足的表达方式，就在模板的基础上"山寨"出了无数种或有趣、或调侃、或无厘头的版本，例如：

再比如：

为了制作凡客体，甚至出现了像"微博凡客"这样的自动化生成工具。微博上无数网友在制作和传播凡客体的草根大行动中自娱自乐。虽然不能说这种微博草根活动与凡客诚品本身的营销有多少直接联系，但这的确在客观上增加了凡客诚品的品牌知名度，帮助凡客诚品进行了一次非常成功的"病毒式营销"。也就是说，在微博这个社会化的新媒体中，企业也许需要更多地变换一下思路，品牌和产品的营销不一定非要按照传统模式来进行，很多基于草根网民的"病毒式营销"模式也很值得考虑。

企业可以利用微博平台提供的广告功能，有针对性地向目标用户发布广告。假如你是一家销售高尔夫用具的企业，那你完全可以在微博上利用"高尔夫教练"、"高尔夫粉丝团"之类的账号，找到你的目标用户，并使用适当的方式，向他们投放广告信息。投放的方法有很多类型：

- 用"参与抽奖"来获取潜在用户；
- "软广告"，用内容来嵌入你的产品或服务；
- 直接打广告，目前有不少收费发广告的微博账号，据称，国内一个10万粉丝的针对性账号为企业发一条微博，费用是数百元左右。

企业可以利用微博平台的搜索、话题分析等功能，监测市场动向，收集用户需求，分析用户特征。对企业来说，微博聚集了数量庞大的最终用户，这些用户因为"关注"关系、共同爱好、共同话题等，被自然地分成了许多不同的目标人群。所有这些最终用户的日常活动信息其实就是一个最好的市场研究数据库。如果能收集足够清晰、准确的数据，并在日常累积数据的基础上，用数据挖掘的方式揭示数据中的规律，企业就可以从中得到许多非常有价值的分析结果。例如，可以通过人群对某类产品是否关注等信号，分析并定位某个新产品的目标用户群，然后对这些用户的规律加以研究。

比方说，某个企业研发的一款手机是与iPhone手机竞争的产品。那么，在微博上很容易找到经常讨论iPhone或相关话题的活跃用户。这些用户及其朋友很有可能也是这个企业的目标用户。如果用数据挖掘的方法，对这些用户关于手机的评论、互动加以研究，分析其中的规律，就不难发现，这些用户的共同特点，他们对手机的主要需求，他们选择一款手机时主要考虑的因素等。这种基于数据分析和数据挖掘来利用微博的做法，很可能成为今后企业利用微博的主要方式之一。

企业可以利用微博平台，与用户交流，收集用户的反馈意见，改进产品或提供更好的售后服务。例如，有一次我乘坐南方航空公司的航班，飞机发生了延误，但在延误期间，空乘人员的服务态度很不好。我当时就用手机发微博评论说：

> 李开复：今天领教了南航的"服务"：1）乘客问为什么误点，回答"大台风，谁都知道"（我不相信有任何乘客知道，下了飞机也没看到台风）；2）乘客要毛毯，先说"哼，没有"，后来在乘客追问下，找到一条，递给乘客时不忘补一句"下次态度好点"。

我的微博发出后不久，南方航空公司的相关人员就注意到了我的评论，他们找到我的秘书，表达了歉意。我们的答复是：（1）飞机上服务态度不好的话不是对我说的，不必对我道歉，以后提高服务品质就好；（2）这些问题是来自好几位空乘人员，所以可能不是个人问题，建议在招聘、培训时多注意服务意识；（3）以前坐头等舱没有碰到这样的服务，建议对所有乘客一视同仁，不要降低对经济舱乘客的服务标准。

这个例子说明，像南方航空公司这样的企业，已经知道利用微博等网络媒体，进行客户反馈的监控了。至少，他们会留心一些传播较广的微博中，关于企业服务质量的批评。如果能做得再深入一些，能尽量利用微博这个社会化平台，在企业的用户群里，进行更多的互动、更深入的调查和更细致的信息收集，那就更好了。而且，当企业在微博这个平台上开设账户，吸引粉丝后，因为微博的互动性强，实时性强，企业就可以在第一时间掌握用户的反馈信息并作出及时处理。

企业还可以利用微博平台开展公关活动，例如微博上的公关发布会、微博上的危机公关等。前面已经谈到过，微博不像记者会或者新闻稿那么正式。企业可以经常使用微博来与媒体更自然地沟通。微博可以用来回应不实报道、谣言等，甚至有不少企业已经用微博来取代发布会，请记者在某特定时间访问企业的微博。这样既省钱又低碳的公关方式，何乐而不为呢？

微博与应用开发平台

普通微博用户可能很难察觉到这一点：从诞生的那天起，微博就不仅仅是一个普通用户用来发布信息的简单应用，而是一个有着开放应用开发接口的，可以由第三方开发者创建新型应用的开发平台。Twitter在最初诞生时，就是伴随着应用开发接口（API）的公开而发布给最终用户的。国内的微博服务如新浪微博、腾讯微博也都在第一时间为开发者们提供了应用开发接口。那么，为什么要开放应用开发接口？这件事对普通用户来说有什么好处呢？

如果只提供基本的通信、社交和媒体功能，而不开放开发接口，那么，微博就只是互联网上的一个普通应用，微博用户需要的所有功能也都只由微博服务提供商自己来开发、实现。在这种模式下，微博的未来发展将主要取决于微博服务提供商的创新能力。

一旦开放了应用开发接口，微博就为第三方开发者的参与提供了可能。成千上万有兴趣拓展微博功能的企业、开发者就可以贡献他们的智慧，在微博平台上创建新颖的应用。而微博平台本身，这时就变成了一个可以"拼接"第三方应用插件的大舞台。因为有无数开发者的参与，创新的点子就会层出不穷地涌现出来；因为有应用开发接口，第三方开发者研发的新功能可以快速"拼接"到微博这个平台上；同时，因为有成熟的商业模式，微博平台提供商与第三方开发者之间可以按一定比例分享这些新功能带来的收益，并反过来促使更多开发者参与进来。

对于普通用户来说，微博成为应用开发平台的最大好处是，普通微博用户在使用微博基本功能的同时，还可以享用数量众多、功能异常丰富的各类微博相关应用软件、手机程序、网络服务等，用各种方式"玩转"微博、"享受"微博。

例如，在新浪微博的"应用"页面（http://t.sina.com.cn/app），微博用户可以看到很多有趣、有用的由微博功能延伸出来的应用程序，绝大多数程序都是第三方开发者们利用新浪微博提供的应用开发接口开发出来，并发布在新浪微博平台上的。此前提到过的，我经常在微博上发起的"投票"，其实就是新浪微博的一个应用。

"美图秀秀卡通身份证"是个有趣而简单的应用，在新浪微博应用人气榜上名列前茅。用"美图秀秀卡通身份证"，用户可以迅速创建自己或朋友专属的卡通形象，自己的可以迅速发微博，朋友的可以通过"@"通知朋友。比如，右图就是美图秀秀为我制作的卡通形象。

通过微博提供的应用开发接口，其他类型的应用程序可以顺利与微博互联。例如，"街旁"是一个基于地理位置信息的移动社交应用，用户通过手机上的街旁客户端软件，可以签到自己所在的地点，并通过签到来记录自己的行踪、抢某个地点的"地主"、得"徽章"、查看朋友动态、写地点攻略、找打折信息等。现在，街旁已经可以直接链接新浪微博。这样，你在街旁手机客户端上的每一次签到，都可以变成一条消息，发到你的微博上。你在街旁上得到的"徽章"、"地主"身份等，也都会通过微博发布出来，分享给你在微博上的朋友。

"互粉查询"则是一个基于微博粉丝统计的应用，可以查查你关注的人里，有多少人是你的粉丝，然后计算一下你的"互粉率"，还可以列出你关注的人中没有关注你的所有人的名单。类似的统计、数据类的小应用还有很多，它们可以用数据帮助你更好地使用微博。

在国外，基于Twitter的第三方应用类型更多一些。根据分析，基于Twitter应用开发接口开发的第三方应用中，主要包括以下类型：

- **数据分析**：用户访问与使用行为数据整理。
- **信息同步**：同步更新Twitter与博客、社区及其他微博的信息发布，绑定邮箱等。
- **搜索**：各类信息检索、关键词、话题功能。
- **地图定位**：地理位置服务。
- **第三方客户端**：脱离Twitter网页端，个性化定制界面与功能。
- **浏览器辅助**：弹出式按钮功能，浏览辅助功能。
- **娱乐应用**：趣味性、游戏性，绑定游戏客户端。
- **其他**：RSS、用户脚本等。

因为微博是一个开放的开发平台，开发者可以为微博用户开发出成千上万、各式各样的应用。微博就不再是写微博和看微博那么简单。作为用户，我们可以期待更多的选择，可以尽情想象更多的使用微博、"玩转"微博的方式。作为开发者，通过在微博平台上开发应用，借助微博平台的商业模式，从微博的广告等收入中获取分成并实现盈利。作为企业或广告发布商，在微博平

台进行营销的途径就有了相当多的可能性，可以通过微博平台，在不同的应用中进行不同方式的广告投放与企业营销。

总之，微博通过开放应用开发接口，为我们使用微博提供了无限多的可能。

微博的未来——改变一切

微博作为一种新媒体，以广告为主的多种商业模式必将推动微博健康、持续地发展。微博作为一个开放的开发平台，可以吸引成千上万开发者的参与，使微博在功能服务方面一下子具有了无限多的可能性和无限大的延展性。更重要的是，微博作为一种已经深入到了每个人生活方方面面的社会化传播平台，亿万网民的参与和层出不穷的新需求，必将推动微博服务不断创新，不断推出新模式、新功能。

可持续发展的商业模式，提供无限可能的开发平台，再加上亿万微博用户的参与，微博必将保持高速发展的势头，改变我们生活的方方面面。微博的未来不可限量！

未来，任何一个品牌都可以用数据分析的方法来监测用户在微博上对它的产品所做的评论。企业可以利用数据分析、数据挖掘的结果，找到新的产品机会，或者为已有产品设计新功能，制定修复问题的优先级等。例如，iPad推出后，在Twitter上可以实时地看到用户碰到的种种问题，如系统崩溃、硬件不兼容、软件安装故障等。这些都给厂商提供了尽快修复、改善、推出解决方案并与用户沟通的机会。

未来，企业可以利用微博影响用户的购买行为。通常，网民会在网上先搜索研究一款新产品，如果其他用户或专家的评论比较好，才会决定购买。如果在微博上，厂商聪明地进行引导，快速解决用户中出现的问题，让正面舆论占主导地位，就可以维持一个良性循环，使越来越多的用户接受新产品，并在微博上发布更多的好评。企业还可以有效利用微博平台上的"意见领袖"，让他们在微博上发挥作用，影响粉丝群体，达到"社交"推广的目的。当然，一个糟糕的产品，再如何引导也没有用。但一个不错的产品，只要在微博平台上加以良性引导，就可能启动"病毒式传播"，把关于产品的好评迅速传递给最终用户。

未来，微博可以提供更加智能的分类和搜索功能，例如基于问答的搜索，基于话题的搜索，基于用户喜好的自动分类等。在未来的微博上，我们可以发问：有多少和我爱好相同的人正在黄山旅游并正在发微博？附近的晚餐有什么可以推荐的？转发最多的有关电影《让子弹飞》的评论是哪些，这些评论的要点是什么？在北京的微博用户里，有多少是研究"社交网络"的专家，他们认为Facebook和Twitter的最大区别在哪里？未来的微博也许可以在几分钟甚至几秒钟内回答上面这些问题，并为你推荐微博用户中最熟悉相关领域的专家与你单独交流。美国的 Quora网站就推出了一个这样的一个服务；它可以经过社交圈帮你找到回答你的问题的专家，并且帮你整合回答中不同的想法和意见：

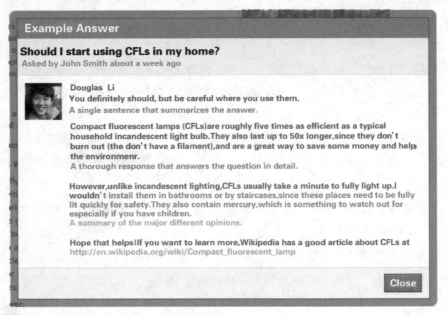

未来，微博可以成为出色的预言家。微博平台本身积累的用户及其活动内容，就是一个巨大的数据库，里面有无限的信息。经过自动的数据挖掘，可以从中提炼出很多有价值的内容。比如，分析近一段时间的微博数据，我们不难知道，哪部电影最卖座，为什么卖座。位于加州的惠普实验室曾做过这样一个实验：根据一部电影被微博引用的次数，就可以非常精确地估算它的票房，甚至比好莱坞影评专家更精确。如果加上自然语言分析技术，分别分析正面与负面评价，估算还可以更准。这个方法也可以延伸到预测选举结果、预测市场需求甚至预测人们对某个事件的反应等。今天，这些分析需要数据分析专家来寻找线索。也许，未来的微博有足够的自动处理能力，可以直接回答你的提问，例如："万能的微博告诉我，我今年十一该去哪里旅游？"然后，你就会得到完整的旅游建议，并且汇集了和你相近的微博用户的意见，供你做出最好的选择。

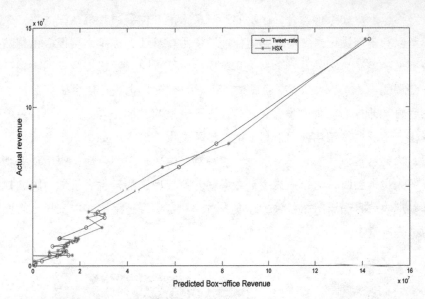

患普实验室的研究结果：用微博预测可以比专家更精确。

　　未来，每个人在手机上都会同时使用多种不同的社交服务，当然也包括微博。不同社交服务提供商提供的功能特性各不相同，但对用户而言，使用所有这些服务的方法却非常简单。只要打开手机，我就会在统一的联系人界面中找到我的朋友，看到他和我之间的关系（是不是粉丝、是不是同事等），可以一目了然地看到他是否更新了他的微博，是否给我发了电子邮件，是否给我发过即时信息，是否在另一个微博平台上评论了我前天发的微博等。用不着切换应用程序，我就可以看到所有与朋友相关的信息。我也可以随时随地选择一个最好的方式，比如在某个微博平台上，把我想说的话告诉所有朋友、粉丝。朋友通过任何一个社交网络发布的信息，比如，他刚买了一本书，刚看了一部电影并作出正面评价等，都会在第一时间通知我，并进而影响我的购买决定。当然，这一切需要不同社交网络间拥有可以安全保护个人隐私的"社交链"信息交换标准，在开放协议的支持下，切实保障社交信息的安全。

　　未来的微博在功能上会更加强大。例如，可以直接用语音、视频等方式发布你的微博；可以和朋友一起，通过网络互动的方式共同创建一条微博；可以像电视台直播新闻事件那样，在微博上开设直播频道；可以把微博有选择地发给某一类人，比如只发给家人，或只发给同事……此外，随着带地理定位功能手机的普及，更多与移动+手机+地理定位相关的新应用会层出不穷地涌现在微博平台上。如果你愿意，你发的每一条微博，你经过手机认识的每一个人，都可以完整地被记录，而且智能化地被使用。从此，你不必再担心见到熟面孔喊不出名字了！例如，一个女孩儿参加一个聚会时，手机上会自动收到微博的一条提醒："你上次在酒吧通过微博认识的张三，也正在这个聚会上，就在你左后方20米左右。他刚发布了一条关于王菲演唱会的微博。"甚至，只要用户授权，不同的微博用户可以基于地点和陌生人交流。比如，一个商城里互不相识的购物者可以一起玩寻宝游戏，并在游戏中通过微博互动。一个创业者参加开发人员大会时，可以通过手机微博输入希望合作的开发者条件，就会找到同样参加大会且履历符合条件的开发人员，并自动互发消息，以安排后续面谈、面试等事宜。

一个未来可能发生例子：在一个party上见到的人，可以经过移动服务，查到你是否认识他们，上次在何时见面，是否有共同兴趣和朋友等。

微博的未来不可估量。但无论微博怎样发展变化，无论微博上出现多少新颖的功能，我们有理由相信，微博本身社会化、媒体化、个性化、实时化等基本特点只会被加强，而不会改变。微博的发展只会让我们的生活更方便、更轻松，只会不断给我们带来更多的乐趣和享受！

MICROBLOG:
Changing Everything

微博：改变一切

开复微博语录

投资与创业

李开复：创业者不能怕累。有意义的事情都会很难，也会很累。美国肯尼迪总统曾经说过："我们下定决心登陆月球，不是因为那很简单，而是因为那很艰苦。" //@柳华芳：王老师的想法很好，但是按照这种做法会一直很累。

> @王利芬：今天我接受记者采访被问及最多一个问题是你有许多朋友帮你，等资源用完了你怎么办？我说我最大的资源是有无数的网友在跟我们互动，我们会从中了解他们的愿望，然后将其快速制作成文化产品。这是我们取之不尽的资源。

2010-3-21 21:15

李开复：最近有位学生说想模仿我的职业生涯。我的回答："走自己的路，不要模仿任何别人，何况我的职业生涯走反了。我先做教授，然后去了三个伟大的公司，最后创业。我应该先创业，做出三个伟大的公司，然后退休做教授。" 2010-4-3 16:26

李开复：工友借谷歌投资人Michael Moritz的话强调人的重要：如果你是家技术型公司，我想你最初雇来的三四名工程师决定了这家公司是怎样的公司。如果你雇了最杰出的人，他们也会雇来杰出的员工。如果你雇的人平庸，那一切都来不及了。我想最初的30天、60天、90天，一切事情就都明了了。 2010-6-3 02:40

李开复：侯斌讲道："只要路是对的，就不怕遥远。""生命的要务不是超越别人，而是超越自己。""我相信天道酬勤，任何环境下，我都会坚持。"其实和创业有些相通的地方。

> @丁峰_Freeman：创新工场经常有神异能人来访。今天是独腿奥运冠军侯斌。

2010-7-12 22:29

李开复：很少人愿意为大公司拼命，因为大公司无法准确测量每个员工的贡献。团队越大，个人的回报就接近于整体的平均值。而在一个几人的小公司，如果都是明星阵容，而且人人持股，那每个人就会发挥出潜能。因此Steve Jobs说，创业的成败取决于最早加入的那十个人。全文http://sinaurl.cn/GZPeW 2010-8-28 15:50

李开复：如果是较复杂的服务，今天有亚马逊、谷歌的云平台，连服务器、带宽也省了。用开源，程序员可以省些。用网络直接推广，比传统方式便宜、直接。赚钱靠网络广告、网络商店，销售也省了。//@蔡文胜：以前做个网站需要买域名，租空间，做备案。现在可以多利用平台发展，比如用微博，只要注册个账号名称，就可开始。

> @李开复：推荐一篇Dave McClure写的互联网创业文章，http://sinaurl.cn/b86FQ。他的观点：1）有史以来最低廉的创业成本，因为可以用云计算平台省钱，靠搜索、社交、移动推广；2）产品一旦被证实，估值会剧增；3）高回报投资：寻找有潜力的团队，还没有产品就投，等市场验证产品后再追加。这正是创新工场的模式。

2010-9-13 06:04

李开复：感谢俞敏洪老师来创新工场分享创业心得。几点总结：1）聪明是天生的，善良和勤奋我们是有选择的，选择做个勤奋的好人；2）为公司做真正有意义的事，不要为上市或股市的需求做事；3）企业的CEO是要创造环境和文化的，执行细节放权给团队；4）不能只为了金钱做事，要知道自己活着是为了什么。
2010-10-29 19:38

李开复：创业者的残酷现实：1）点子的第一次实现一定出错；2）家人朋友不理解你；3）低薪生活；4）都在等别人（例如VC）；5）你的职称无论多神气，还是要做清洁工作（和一切琐事）；6）没有银子弹；7）顾客会带给你困扰；8）永远做不完的事；9）不可能很快成功；10）打造团队很难；11）太多不可控制的因素。

> @evdemon：一些挺好的建议关于创业——The 11 Harsh Realities Of Being An Entrepreneur http://sinaurl.cn/h4mUix

2010-11-8 21:59

李开复：北极光创始人、硅谷著名创业家邓锋来创新工场分享经验、进行培训。他的建议：1）创业公司需要找一类人，有一样的文化，不能妥协；2）勤奋，用户为先，有"赢"的追寻；3）每个公司都应有创新，商业模式或流程创新亦可；4）互联网创业首先要关注产品，其他都是其次的；5）无线有很多机会。
2010-11-18 16:56

李开复：不要为一个点子创业，因为：1）你的点子不见得有你想象的那么好；2）就算点子好，别人也能想到；3）创业成功是靠执行力，不是点子；4）大部分成功公司都不是基于原来的点子。

2010-11-25 10:44

李开复：和AAMA董事会、雷军、田涛等谈如何改善中国创业环境。几个建议：1）政府少直接提供经费给创业团队，多提供初期创业引导基金，让有经验的投资人主导，政府跟投；2）降低申请注册、牌照周期；3）改善税收政策，让投资利润和亏损能够相抵；4）改善竞争环境，执行反垄断法。

2010-12-1 21:26

李开复： 美国过去十年VC回报率为-4.2%，许多VC将面临灭亡危机。理由：1）经济危机让投资人更保守，更短视；2）超级天使占去了低估值机会，有时直接出售或和投资银行对接，抢走VC机会；3）低回报导致恶性循环，让投资者更不敢投；4）比较好的VC回报还是很好的，但是一般人根本无法投资，所以其实其他VC回报更差。

2010-12-2 11:27

李开复： "女性不适合创业"是社会中偏见导致的不公平现象。在一个少偏见的社会里，我们可以看到女性创业的成功案例：1994年卢旺达大屠杀，25%男人被杀，导致国家面临经济危机。但是，女性创业者参与了国家的重建，接近一半的创业者都是女性，帮助卢旺达的GDP成长在非洲名列前茅。

2010-12-3 21:27

李开复： 联合国的研究机构发现女创业者其实有很多优势。比如说：1）女创业者更有责任感，贷款偿还率远超男创业者；2）女创业者在困境中更有自我控制力；3）女创业者往往是更好的管理者，更受员工认可；4）女创业者更能够打造良好团结的企业文化。

2010-12-3 21:28

李开复： 美国著名研究机构Catalyst 2008年的研究发现：有女性董事和高管的公司，最后的回报（return on equity）比那些没有的要高53%。理由可能是：1）女高管更能代表女用户，让管理层有更全面的用户理解；2）在这个时代还拒绝用女高管的企业可能也代表落后、偏见，因此表现不佳。

2010-12-3 21:28

李开复： 王利芬老师发言重点：1）创业者要专注，把一件事做好，才有资格扩张；2）公司的发展要按部就班，没有领导班子不可太快扩张；3）不要迷信偶像，要相信自己，听内心的召唤；4）创业者要有坚强的心，不要太容易被周围的人左右；5）创业者要能舍，才能得；6）职业、家庭不可能完全顾到，要知道什么是首位。

2010-12-5 11:28

李开复： 夏华总裁发言重点：1）创业要下定决心，就算周围的人不支持你，甚至用异样的眼光看你；2）下定决心就去做，别给自己留后路；3）要充分理解用户，管理层应有站柜台的经历；4）管理就要团队不断地突破，有新的玩法，这样他们不厌倦，才能延续创业时的热情；5）无论别人有多强，你总可以找到自己的优势。

2010-12-5 11:29

李开复： 硅谷度过了五个时期：1）1965~1985：芯片、硬件；2）1985~2000：软件、网络；3）1995~2001：互联网、电信、大企业软件；4）2004至今：web 2.0；5)

2007至今：移动、云计算。每个周期更短，来得更猛，带来的机会更多，创业者和天使投资人也更年轻。

2010-12-8 08:59

李开复：硅谷第一批web 1.0创业者公司出售或上市后成为超级天使。他们发现自己首次创业股份稀释比较严重，也有些被VC欺负了。他们成为超级天使，他们鼓励新web 2.0创业者尽量不要拿VC的钱，真正需要钱的时候甚至直接找投资银行或像DST这样的俄罗斯公司。超级天使已成为硅谷新贵，并且可能带来硅谷VC的灭顶危机。

2010-12-8 09:03

李开复：在ChinaVenture谈2011年观望：1）资金过剩+deal过少+中国现象，导致估值偏高，用平常心面对；2）后期投资过多，deal偏少，导致早期投资更受注目；3）成长期看电子商务（感性购物、O2O、互联网打造品牌），早期看移动互联；4）关注微博、开放平台、平板、云计算；5）物联网投资过早，尚未解决关键问题。 2010-12-15 16:47

李开复：东方企业家论坛谈三类创新：1）完全为了短线利益，无视知识产权、用户利益；2）用户第一，可以从别人的创新获取灵感，用合适本地的方法作出符合用户需求的产品，然后在此基础微创新；3）突破式paradigm shift（范式转移）。在今天的中国互联网，我们应该更多鼓励第二种，因为它平衡了短线和长期。 2010-12-15 18:00

李开复：东方企业家论坛谈创业的企业文化。创新工场要帮助我们的投资企业打造这样的文化：1）用户第一；2）团队精神；3）平等透明。这样的企业会更好地平衡短线和长期利益，不会为了私利伤害用户，能够获取灵感但不侵权，团队成员个个优秀但是团结。在这个基础上，我们期望有一天也可能有突破式创新。 2010-12-15 18:04

李开复：红孩子CEO徐沛欣来创新工场分享创业领悟：1）不可逾越的是时间：最大的成本是时间不是金钱，同时创业必须有耐心不可浮躁；2）突破困难的是梦想：创业一定充满挫折、挑战，要有梦想才能坚持；3）干好你最擅长的一件事，把它做深；4）创业是自我否定的过程：不断发现、承认错误，才会成功。

2010-12-16 14:36

李开复：美国证券法规定任何有500名股东的公司都必须公开财报。当年Google不愿上市，就是怕公开它超强的财报，但是后来超过了500名员工，又人人持股，超过了500

名股东不得不公开，索性上市算了。但是，Facebook找到了一扇"后门"，就是它发restricted stock，然后跟SEC说这不算股票，得到豁免，不必公开财报。

2010-12-17 13:57

业界分析评论

李开复：苹果1月即将推出新的Apple Tablet，定价在1 000美元以下。据说这个Tablet长得像个较大的iPhone，有10.1英寸multi-touch屏幕，让人惊讶的用户界面、3D图像、虚拟键盘、视频会议、电子书、上网本等功能。Steve Jobs将在1月推出这个产品。最惊人的：苹果预估第一年产量接近1 000万！

2009-12-28 22:06

李开复：苹果上季度净利增长50%，持有现金400亿美元，市值逼近2 000亿美元。以这样惊人的成长速度，再加上平板电脑和iPhone的成长势头，苹果有可能成为市值最高的高科技公司。

2010-1-26 09:56

李开复：苹果iPad推出了。和我一个月前的博客预测差不多：不到1 000美元的一个大iPhone设计（用iPhone OS，有iPhone app store），可以看书，取代上网本，有很好用的虚拟键盘。不过摄像头和3D与我所听到的不同。下次去美国一定要买一个。

2010-1-30 10:41

李开复：Facebook这两年的成功来自于它的开放平台：让开发者有机会在Facebook平台上发布他们的软件，并且不分成，把所有收入让给开发者。中国互联网有公司愿意推出这样大气的平台吗？

2010-2-18 09:46

李开复：去年12月，我在微博上的iPad预测："最惊人的：苹果预估第一年产量接近1 000万！"发此微博后，几位分析师质疑这个数字。上周，摩根斯坦利证实了这个数字（从1月算起800万~1 000万，从4月算至少1 000万）。http://sinaurl.cn/hQnyX

2010-4-5 09:34

李开复：前任苹果总裁Sculley说苹果牛顿（Newton）比iPhone早推出了15年，所以失败了。下图是我在苹果得到的限量"透明机"。

2010-6-9 18:57

李开复：刚从台湾回来，发现台湾3G起来得好快，主要的理由：1）月费很便宜，一个月3G上网吃到饱（无上限）才150人民币；2）3家运营商竞争，都推出很有竞争力的服务；3）跟运营商绑定两年服务可得免费手机（和美国差不多）；4）3家运营商都提供很好的WCDMA服务。

2010-8-4 07:30

李开复：Google放弃了一年前大力推出的Wave业务，就像前一阵微软放弃了大力推出的Kin手机。其实这方面国内公司应该向国外公司学习。昨天和一位国内互联网公司高管谈，他就说很多国内互联网产品失败没用户，但为了面子都不放弃，既浪费公司资源，又误导用户。

2010-8-5 06:40

李开复：Android 现在一天20万新用户（5月时一天10万，6月时一天16万，这是Google's activations，所以OPhone，乐phone应该都未被算在里面）。（http://sinaurl.cn/brcfb）这样就是一年7 000万，还不算它三个月翻倍的增长。施密特说："Android不只是惊人，是难以置信的惊人。"

2010-8-6 06:15

李开复：质疑谷歌在Android的盈利问题是没有道理的。谷歌从那个巨大的搜索框里带来的搜索+广告，早就盈利了。另外，培养用户习惯、打造品牌、整合云服务、获取用户数据的价值都是巨大的。还有，如果这个操作系统一开始就求盈利，而不是开源免费，Android根本不可能达到今天的地步。

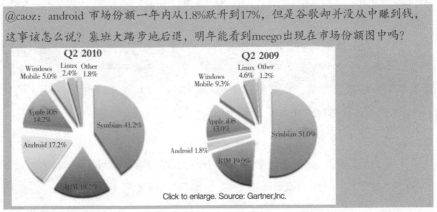

2010-8-13 14:01

李开复：在非学术的领域里，我认为最好的创新应该是：发明+应用=价值。发明往往不代表科学突破，而是商业模式的发明，也可以是跨领域合成的发明。应用意味着高可行性，最好能普及。最重要的是要有价值，无论是商业价值，或者是可以转换成商业价值的用户价值。

2010-8-15 17:26

李开复：第一个发明者，往往不是最后的赢家。Xerox发明了图形用户界面，但苹果、微软是赢家。Visicalc发明spreadsheet，但Excel是赢家。Mosaic发明浏览器，但IE是赢家。LexisNexis很早就做了搜索，但谷歌是赢家。Friendster很早就做了SNS，但Facebook是赢家。所以，重点是谁能真的在正确的时机，把技术做到普及。

2010-8-15 17:35

李开复：我对中国的预测：1）1 000+团购血拼后会剩下约10家有规模、能盈利的，这10家有两种模式；2）第一种，精通线下推广、平衡用户商家利益、帮助商家增加回头客、重视商家质量诚信；3）第二种是巨鳄，像腾讯、点评；4）第一种将被第二种边缘化，除非他们能模式创新或打造品牌，形成壁垒。

2010-8-24 08:08

李开复：我认为微软不会收购Adobe，因为：1）微软仍在美国司法部反垄断关注期，而这个收购可能会被认为在操作系统巩固垄断，甚至可能开启对办公软件垄断调查；2）微软最近称将主要收购小公司；3）硅谷公司员工往往不愿意被微软收购；4）微软收购大公司记录并不好（雅虎收购幸好未成），因此股东会关注监督。

2010-10-8 12:17

李开复：【今天演讲内容1】：1）中国电脑用户3亿，每天使用3小时；2）中国手机用户8亿，每天使用16小时；3）所以移动互联网的潜在机会是PC互联网的14倍。

2010-10-21 11:51

李开复：【今天演讲内容2】：手机将取代PC成为个人信息中心的理由：1）比PC更便宜更方便；2）创造了碎片时间价值；3）全天候随身携带；4）更丰富的交互方式——触摸、罗盘、语音和摄像头；5）手机支付的便捷性——更大的消费潜力；6）更多人愿意储存个人信息在手机上；7）地理信息增加价值。

2010-10-21 11:55

李开复：【今天演讲内容3】：移动互联网生态体系发展的挑战：1）智能手机太贵；2）好的本土软件太少（开发者不够）；3）3G资费太贵，而且很难降价。

2010-10-21 11:58

李开复：【今天演讲内容4】：突破移动互联网挑战的三大动力：1）千元智能手机的兴起（产业横向整合必然后果）；2）产品发行渠道丰富（除了历史SP+移动，现在有三家运营商，还有互联网发行渠道）；3）支付渠道的丰富（SP时代开发者只能拿到30%~40%，而使用互联网支付，开发者可以拿到>90%）。

2010-10-21 12:00

李开复： 【今天演讲内容5】：突破移动互联网挑战的三大时机：1）巨大市场空白（PC软件市场已经相对饱和，但是手机软件市场只有几款普及的产品）；2）并购浪潮初现雏形（谷歌、苹果、DeNA，甚至百度、腾讯都在收购，这带来退出空间，也验证机会存在）；3）开发成本达到历史新低（开源、云计算、网上商店）。 2010-10-21 12:03

李开复： 【今天演讲内容6】：从PC时代，我们可以学到网络服务是最大的机会：1）互联网巨头的价值>软件巨头>芯片商>硬件商；2）移动互联网也会一样，所以最大的机会在于在移动互联网上创造服务价值。 2010-10-21 12:05

李开复： 【今天演讲内容7】：7个预测：1）WAP时代已经过去，迎接真正移动互联网时代；2）全功能Android手机价格今年降至1 500 RMB，明年降至750 RMB；3）带宽很难降价，因此优化丰富的客户端+最小化的带宽；4）娱乐+社交应用将主导中国移动互联网市场。 2010-10-21 12:08

李开复： 【今天演讲内容8】：7个预测（续）：5）网络市场前置收费模式会被本土化收费模式取代；6）三年内行业收入数倍增长：从一款游戏扣用户5元，到用户主动支付每月50元；7）未来用户两极化：高端用户以手机为碎片时间工具、草根用户的全部网络行为均基于手机。 2010-10-21 12:09

李开复： 【今天演讲内容9】：给创业者的四个建议：1）避开巨头核心领域，但别过分恐惧；2）参考美日市场，但深度理解区别；3）不要迷恋热门概念，挖掘真实需求；4）以用户痛点为契机。 2010-10-21 12:10

李开复： 【今天演讲内容10】创新工场期望携手开发者和创业者，共同打造中国移动互联网未来。创新工场提供资金、辅助、招聘、法务、财务等多方面平台。无论是有经验、有团队的创业者（加速计划），或初次创业者（助跑计划），欢迎来我们的网站，或email创业想法给：zl@chuangxin.cn。（完） 2010-10-21 12:12

李开复： 不是每个创新都可以靠咨询用户来设计的。一个经典的例子是开发自动取款机的团队问一组潜在客户：是否愿意使用机器从账户存钱和领钱，而不是亲自到银行柜台处理？结果这些客户因为种种担忧和缺乏想象力，大都回答不愿意。这个团队因为客户不认可就放弃，结果错失良机，把一个革命性产品机会拱手让人。

2010-10-27 16:20

李开复：不应该怪罪监管和社会。同样的监管和社会，微博怎么成功的？我认为理由：1）缺乏扎克伯格专注用户，推迟赚钱的心态；2）仅仅推广游戏太单一；3）平台不够开放；4）腾讯的强大；5）微博的崛起。还有，这两个网站都还有机会，Facebook发展中也有成长放缓的一段时间。

> @财经网：【观察·博客·信海光】为何Facebook的中国克隆版，比如开心网、校内网等社交网络，对用户没有太大吸引力？中国不是一个发达的诚信社会，也普遍缺乏社交习惯，没有沙龙文化，互联网内容管制严格，就算扎克伯格亲自来华运营，也未必能够取得境外那般成功。

2010-11-18 18:35

李开复：摩根斯坦利Mary Meeker说互联网公司必须学习：1）别的国家类似你的公司领先你之处；2）移动战略；3）苹果、谷歌、Facebook的方向对你的影响；4）广告领域创新；5）"娱乐化"电子商务；6）线上视频爆炸成长；7）互联网领导者换位的意义；8）从乔布斯身上学习；9）新技术；10）未来大小公司的互动和趋势。　　2010-11-19 13:43

李开复：这个问题是问看好哪一家的意思。其中有三家各有理由看好：1）苹果：乔布斯的魔术，软硬件和服务的完美结合，封闭高利润的商业模式；2）谷歌：广告界的成长空间，最牛的云计算技术，尚未套现的YouTube、Android；3）Facebook：世界最大的网站，拥有的社交链和封闭的内容可打造新服务和高价广告。

> @李开复：昨天邓峰来访，问我们："你宁愿做苹果、微软、谷歌、Facebook？"我的回答是："很难说最宁愿做哪一个，但是很容易回答最不宁愿做哪一个。"

2010-11-19 13:36

李开复：微博的成功因素之一是它的精简。写一条精简的微博并不容易。我记得马克·吐温说过："我本来想写更短的一封信给你，但是我的时间不够。"　　2010-11-26 11:17

李开复：有些互联网公司有很好的移动策略（例如Google），但互联网公司在移动方面可能犯很多错误：1）不舍得抛弃包袱（为了维护过去的利润，不愿开启新的业务）；2）不够专注移动（资源分配不足）；3）庞大公司速度太慢（内部决策、政治）；4）错误地把非移动的理念移植到移动（例如第一版本的Windows Mobile）。

> @郭去疾：我始终对移动互联网这个概念存疑，我以为以后所有的互联网公司与软件公司都自然移步决战移动互联网，就像WAP死了一样，孤立的移动APP大多也会死亡，或许会诞生1~2个新的王者（每十年必有王者兴），但作为一个与互联网可以划"线"而治的产业链，我完全看不到。

2010-11-30 13:24

李开复：公司的使命很重要，因为：1）有了长远的使命才能够让员工更清晰公司的真正意义；2）帮助员工做每一个重要的决策（怎么做更符合公司使命）；3）在困难的时候给员工信仰和希望，4）让员工更认可、理解、热爱公司。

2010-12-1 10:18

李开复：好的公司使命：1）索尼：扭转世界认为日本产品是劣质的看法；2）微软：让每一张桌上都有一台电脑；3）谷歌：整合全球信息，让人人受益；4）福特：让每个家庭可以买得起汽车；5）迪斯尼：让人们快乐；6）阿里巴巴：让天下没有难做的生意。从这些公司的成果可以看出使命的效果。

2010-12-1 18:38

李开复：公司的使命不可以太短视，只看短期利益，也不可太笼统没有引导作用。三个不好的使命：1）"给股东最好的回报"（雷曼兄弟）；2）"成为电信业最赚钱的运营商"（世通公司，因为财务作假导致高层入狱）；3）"诚信、沟通、尊重、卓越"（安然，因为财务问题倒闭）。

2010-12-1 18:39

李开复：对于《Wired》创始人KK的8种收费模式，我觉得太美国化，在中国和其他开发中国家，金钱比时间更宝贵，所以有网游代练、iPhone越狱、团购找deal、盗版书、用豆瓣找书但是到别处购买等现象。KK的回答更理想化，他说："金钱和时间之间，时间更宝贵，既然时间较多，那么用时间来创造吧！"很可爱的乐观者！

2010-12-4 15:06

李开复：今天见了一个Facebook的股东。他认为谷歌依然强大（五大产品：搜索、Android、YouTube、Chrome、地图），但是新的时代将由Facebook引领。另外，他认为Facebook私下估值已经到700亿美元（虽然交易数据只显示500亿）。

2010-12-6 21:27

李开复：今天和一些美国投资人交流中美互联网情况。结论是：在能赚钱的领域，中国有些地方已经超越美国（网游、淘宝、QQ游戏）。但是在其他的领域，中国的互联网公司和美国的技术差别还是比较大的。

2010-12-6 21:32

李开复：因为 1）投资银行用五岁小孩都能懂的语言包装了这两个公司（中国的YouTube，中国的Amazon）；2）看到中国和中国消费者在世界经济危机中一枝独秀的表现；3）股民认为自己懂这类产品和商业模式；4）百度腾讯的股价和涨幅。//@侯继勇：求分析。//@圆圆的黎明：谁来分析一下，优酷为何如此疯狂？

@侯继勇：今夜无人入睡：中国概念如此疯狂。http://sinaurl.cn/hbqsL9

2010-12-9 12:18

李开复：Android的成功来自：1）战略眼光：发掘Windows Mobile的弱点（昂贵和不开源），理解欧美产业链中运营商的重要角色和对苹果的严重不满（昂贵和抢走客户关系），看到手机厂商的无奈（自己做或用微软）；2）基于战略分析，提供开源、免费、分成给运营商和手机厂商；3）很棒的技术和迅速的更新。　2010–12–11 11:04

李开复：Chrome两年市场份额从0增到9％（IE从75％降到58％）将带来：1）所有站长不得不考虑Chrome的兼容度，也将终止IE作为事实标准（de–facto standard）的地位；2）成为 Google的第五个杀手级产品（另外四个：搜索、YouTube、地图、Android）；3）给ChromeOS做很好的铺路，走向浏览器就是电脑用户体验的境界。

Month	IE	Firefox	Chrome
8/2008	75.13%	19.21%	0.00%
9/2008	74.18%	19.07%	1.10%
10/2008	73.64%	19.60%	1.00%
11/2008	71.61%	21.21%	1.11%
12/2008	70.50%	21.69%	1.40%
1/2009	69.72%	22.11%	1.52%
2/2009	69.23%	22.58%	1.54%
3/2009	68.46%	23.30%	1.62%
4/2009	67.77%	23.84%	1.79%
5/2009	68.10%	22.75%	2.18%
6/2009	68.32%	22.43%	2.40%
7/2009	67.68%	22.47%	2.50%
8/2009	66.97%	22.98%	2.84%
9/2009	65.71%	23.75%	3.17%
10/2009	64.64%	24.07%	3.58%
11/2009	63.62%	24.72%	3.93%
12/2009	62.69%	24.61%	4.63%
1/2010	62.12%	24.43%	5.22%
2/2010	61.58%	24.23%	5.61%
3/2010	60.65%	24.52%	6.13%
4/2010	59.95%	24.59%	6.73%
5/2010	59.75%	24.32%	7.04%
6/2010	60.32%	24.81%	7.24%
7/2010	60.74%	22.91%	7.16%
8/2010	60.48%	22.90%	7.50%
9/2010	59.62%	22.97%	7.99%
10/2010	59.18%	22.83%	8.50%
11/2010	58.44%	22.76%	9.26%

2010–12–13 10:47

李开复：陌生人见到我常说的第一句话：2002年，"我在《对话》看过你"；2005年："我看过《做最好的自己》"；2009年，"我看过《世界因你不同》"；2010年，"我看你的微博"。　2010–12–14 11:39

李开复：团购办抽奖，其实是获取用户。参加抽奖，其实是出售自己的邮件地址。 //@郭去疾：若20万人参加，成本10万，信息有效期12个月，每月推送4期信息，共计约50期推送。若推送送达率0.5，送达后打开率20％，打开到访问网站25％，访问到购买转化率1％，每单毛利20元，购买用户回头率30％，则此次活动毛利为6.5万。

@张亮：今天美团的团购劲爆了……我觉得我也别抽奖了，直接去抢中奖的吧。

2010–12–15 06:08

李开复：中国的出版界有没有New York Times这样的技术前卫呢？中国出版界很多公司都在准备上市。我建议他们多融点钱，投入新媒体。美国平面媒体的灾难几年后就会

登陆中国了。

> @黄继新：基于 HTML5 的报纸？在 iPad 上输入此网址：nytimes.com/chrome。虽说是给 Chrome Web Store 开发的，但其实针对触摸屏进行了优化。在新媒体的探索和尝试上，《纽约时报》总是立于传统媒体之前。

2010–12–20 08:35

李开复：“我的竞争对手不是电脑，是纸”。当年 Palm 的创始人是靠专注得到成功的。把电脑“迷你化”的产品一个个都失败了，从早期的 Windows Mobile、NC、TabletPC，甚至到曾火了一阵的上网本。最后胜出的总是那些在乎用户和用户体验，细腻分析使用场景的产品（例如早年的 Palm Pilot，今天的 iPad、iPhone）。

2010–12–27 10:17

我与谷歌

李开复：再见，谷歌。http://sinaurl.cn/h5kAy

2009–9–4 11:17

李开复：请大家不要乱猜测我要做什么。下星期宣布。不是卖关子，是有些细节还没有搞定。给我一点时间和耐心。保证是很酷的。谢谢大家的支持。

2009–9–4 11:19

李开复：请不要乱说我加入 IdeaLab。我不加入任何公司，我会自己做一个青年创业平台。下星期会给大家更多信息。

2009–9–4 12:03

李开复：我会留在北京。

2009–9–4 12:23

李开复：员工讲我的趣事："咏乐会"之后，爱美食的开复突然变成了"魔术迷"，到湖南出差身上带了7副牌，逼着大家看他表演魔术。

2009–9–4 13:52

李开复：员工讲我的趣事：网上第一次看到开复火炬手的照片胸前写了大大的"007"以为是被人PS恶搞了，最后一查发现开老师确实是"山寨007"。

2009–9–4 13：55

李开复：继续员工讲我的趣事：在厦门的offsite，开复和我们很多工程师一起玩杀人，从晚上10：00玩到早晨7：00，然后神采奕奕地去机场，参加早晨10：00在深圳的一个会议。而很多参加杀人的20多岁的工程师呼呼睡了一天。结论：开复并不真的需要睡觉。

2009–9–4 14:47

李开复：继续员工讲我的趣事：我们带去各大学的书都是开复亲笔签的，他工作忙，就经常趁开会之间几分钟的间隙签。但是再忙，开复从来不偷懒让别人代签。有一次，Tina看见开复弯着腰签了很久，说："开复，你快从脑力劳动者变成体力劳动者了。"

2009–9–4 14:48

李开复： 继续员工讲我的趣事：有一次，Charlie组织带小孩的同事去玩，开复也带着小女儿到了。他女儿天真地问："爸爸，你的工作到底是什么？"开复答说："我的工作是写E-mail。"然后女儿又问："那你什么时候休息？"开复说："2月30日。" 2009-9-4 14:48

李开复： 继续员工讲我的趣事：2006年刚来中国的时候，知道开复是成都人后，有一次我问开复为什么不在成都也开一个Office，天府之国嘛，吃得好，美女也多，工程师的工作激情会大大地提高。开复说："你们都玩得开心，我就不开心了。" 2009-9-4 15:29

李开复： 继续员工讲我的趣事：去年开复在浙江工商大学演讲时，有一位学生提问，太紧张了，本来想说的是"开复先生，您是我的偶像"，结果，说成了"开复先生，我是您的偶像"，数千学生哄然大笑。 2009-9-4 15:30

李开复： 继续员工讲我的趣事：2006年开复设宴在苏浙汇，恰好Tina还是谁在苏浙汇另一桌，打电话给开复咨询点菜事宜。开复把樟茶鸭之类的肉菜推荐完毕后，说："蔬菜你就随便来吧，反正都好吃不到哪里去，可又必须要吃，当药一样吃就好了。" 2009-9-4 15:57

李开复： 继续员工讲我的趣事：这个"取经"之旅是这样的，我以为美国人民走到哪里都会畅通无阻，没给他搞那个"通关文牒"就送了他西去，结果大家也可想而知了，开复老师被拒绝入境，然后在著名的班加罗尔机场，买了下一趟飞机票回来。 2009-9-4 18:09

李开复： 转发微博。

> @范海涛：谷歌负责公共关系的PR主持的开复的good-bye party，她这样开场："俗话说，距离产生美。开复虽然走了，但是他看上去更美了。他在谷歌留下的都是精彩，带走的全是寂寞。"
>
> 2009-9-18 02:25

李开复： 转发微博。

> @范海涛：谷歌的工程师出了很多难题考开复，开复答不出就要挨罚。有一道题是搜索一句英文会出来一个什么样的两位数的数字，开复脱口而出"38"。随后补了一句，出这个题的人就很三八。现场哈哈大笑！
>
> 2009-9-18 02:25

李开复： 转发微博。

> @范海涛：在告别晚会上，李开复先生献歌一首《忘情水》。据说，他只会这一首流行歌曲。
>
> 2009-9-18 02:25

李开复：转发微博。

> @范海涛：模仿秀阶段，开复先后模仿了唐老鸭、泰森、罗大佑、蔡康永。笑趴下一堆人。

2009-9-18 02:25

李开复：转发微博。

> @范海涛：谷歌负责政府关系的美女讲了开复的一个段子。说开复有一次负责陪国内的领导团到谷歌总部开会，安排的翻译总是翻不出技术问题，开复赶紧接过这个职位救火，一边一句的几乎做了同传。事后一位不明就里的老同事问："美女，你们公司这个翻译真好，我想挖去做翻译部主任！"

2009-9-18 02:25

李开复：转发微博。

> @范海涛：作为唯一的非谷歌、非创新工场人员参加了开复的good-bye party。整个过程以恶搞为主，每个人都哈哈大笑。其中有无数的员工讲述开复的段子，大家在美好的回忆中和开复告别。最后，一曲《祝福》结束，开复的眼睛还是湿润了。

2009-9-18 02:25

李开复：员工今天给我的告别晚会，让我特别感动。明后天再上传照片和博客。谷歌中国员工，如果你们在看，谢谢你们！ 2009-9-17 22:24

李开复：最后一个星期五 ——My Good-Bye Party at Google：http://sinaurl.cn/htotw

2009-9-22 11:25

关于创新工场

李开复：第一天创新工场收到7000封简历！ 2009-9-8 22:26

李开复：有位问我，"如何保证打工者和创始人以同样的激情投身到工作中？打工者能和创始人一样长时间保持激情吗？如果不能，应该如何解决这个问题？"我的回答："创新工场中没有打工者，所有的人都是主人翁，都有股票。我们会挑选那些有激情、愿意努力、有思想、渴望成功的人。" 2009-9-13 09:36

李开复：在圣诞派对上，一位同事买了一个希腊神话中方舟的雕刻送给公司，是讲Jason智取金羊毛的故事。在这个故事里，希腊英雄同心协力，共创奇迹。他用这个故事勉励创新工场。大家都很感动。 2009-12-25 01:01

李开复：在创新工场，我们没有拿薪水过日子的"员工"，只有来创业的"工友"。本来有人建议大家都是"创新工人"，但是那还是太像"员工"。最后决定称呼"创新工友"更好。彼此的称呼也是文化的一部分，不能马虎。 2010-2-11 09:09

李开复：昨天一批外国合作伙伴来访，离开时说看到了三最：1）最像硅谷的创业环境（创新工场）；2）最好吃、最精致的中国餐馆（金宝街大董）；3）最糟的空气（北京沙尘暴）。 2010-3-20 07:55

李开复：创新工场的新家是我们工友的创意和劳动的结果。在我们的创意总监吴卓浩的领导下，我们的用户体验团队发挥了他们的才华。虽然看起来像是很昂贵的装修，但是实际消费和普通装修是一样的。

2010-9-7 09:07

李开复：这是我们的访客留言机，可以留下视频、文字、涂鸦。中间的是一个工程师朋友为我们搭建的3D hologram，可以看到工友发表言论或者表演才华的三维影像。

2010-9-7 09:11

李开复：有位"点心"团队的员工说："去年我犹豫该自己创业，还是去百度、腾讯或创新工场。没想到一年后今天能在前百度、腾讯牛人领导下，拿了创新工场投资，在点心创业。简直是四个目的都达到了。"有兴趣的到chuangxin.com申请! 2010-10-27 20:47

李开复：过去碰到美国朋友描述创新工场，他们都会皱着眉头说："哦，又是一个孵化

器。"（因为美国孵化器不太成功）然后我要花很多时间解释我们提供独特的招聘、商业计划优化、人脉等服务，才能让他们觉得这个也许还行。现在，我只要说："我们就是中国的超级天使"，他们就会竖起大拇指。　　　　　2010－12－8 09:16

李开复：你曾经有每天闹钟还没响就想跳起来上班的冲动吗？我职业生涯有过五次这样的体验，一次是做博士论文最后实验时，一次是在苹果做第一个产品时，一次是创立微软中国研究院时，一次是创立谷歌中国时，还有在创新工场的每一天。加起来仅仅是我的职业生涯的五分之一。所以当你有这样的感觉时，请珍惜！　　　　2010－12－17 11:03

教育理念分享

李开复：有几位很好奇为什么我不多"推荐"Android给我的女儿。我做父亲的原则就是我会把我真诚的意见提供给我的孩子，告诉他们：1）为什么我这么看事情；2）最后的决定权在他们手中。所以，我分析了iPhone、Android、Blackberry之间的利弊，最后她决定。我的教育观在《给中国家长的一封信》里，可以搜索看看。　　　2009－8－29 19:42

李开复：今天教育论坛演讲，给父母的四个建议：1）多称赞，少批评；多鼓励，少惩罚；2）多信任，少严管；多放权，少施压；3）多授渔，少授鱼；多做，少说；4）做好朋友，不做严长辈。更多细节，过两天写成博客。　　　　　2009－11－14 18:30

李开复：1）为什么要对孩子多称赞，少批评；多鼓励，少惩罚？因为：批评中长大的孩子，责难他人；惩罚中长大的孩子，自觉有罪；称赞中长大的孩子，懂得感恩；认可中长大的孩子，喜欢自己。　　　　　　　　　　　　　2009－11－14 21:24

李开复：2）为什么要对孩子多信任，少严管；多放权，少施压？因为：严管中长大的孩子，无法独立；施压中长大的孩子，常常忧虑；信赖中长大的孩子，信人信己；放权中长大的孩子，深具责任。　　　　　　　　　　　2009－11－14 21:25

李开复：3）为什么对孩子多授渔，少授鱼；多做，少说？因为：传道中长大的孩子，失去判断；解惑中长大的孩子，仅能记得；互动学习中长大的孩子，才真懂得；以身作则中长大的孩子，言行一致。　　　　　　　　　2009－11－14 21:26

李开复：4）为什么父母应该做孩子的好朋友，不做严长辈？因为：规矩中长大的孩子，保守胆小；父母附属品的孩子，被动听话；轻松中长大的孩子，乐观快乐；做父母朋友的孩子，爱人爱己。　　　　　　　　　　　2009－11－14 21:27

李开复：教师节感恩：1）中学数学老师Albert，她鼓励我让我喜爱数学，每周开车送我去大学上她教的微积分；2）大学教授Myron，他教我："人生的目的就是让世界因你而不同。"3）博士导师Reddy，他在我提出不用他的方法做论文后，告诉我："我不同意你，但是我支持你。"并且提供各种资源，帮助我作出突破。　　　　2010-9-10 08:24

李开复：教师节继续感恩：博友swoff提醒我：你自传中教你学英语的那位修女教师也值得感谢一下。他说的没错，Sister Mary David是个有耐心的修女，每天牺牲自己的午餐休息时间来教我英语。我有四位伟大的老师，实在很幸运。　　2010-9-10 08:33

李开复：作为美国公立教育的毕业者，我的观点：1）美国公立教育非常多问题（例如：基础不够扎实，有些学生毕业还不会算术）；2）美国教育代表着美国文化（放权、自我、独立、正面鼓励）；3）美国教育问题再多，它还是世界最好的教育系统。

2010-9-23 11:37

李开复：欠缺批判式思维确实是中国教育很大的问题。我女儿参加辩论比赛，我总是建议她选择自己不认可的那边，这样才能学会从不同的角度看任何问题。

2010-11-29 08:41

李开复：父母给毕业生最可怕的毕业礼物：1）告诉孩子该怎么走，因为你知道更多；2）要孩子去找份安稳无意义的工作，不要追随自己的心；3）靠关系安排孩子的工作；4）让孩子弥补自己未完成的遗憾；5）给孩子犯罪感和压力，让他们回到你身边工作（虽然并非真正年老需要照顾）。

> @艾樱：教育家马卡连柯："一切都让给孩子，为之牺牲一切，甚至牺牲自己，这是父母所能给孩子的最可怕的礼物。"对孩子的溺爱和娇宠是孩子独立性格形成的最大障碍。多给机会实际磨炼，锻炼独立生活能力。在你抱怨孩子懒、不爱劳动、不知感恩、懦弱无能时，你该反省一下是否关心过度，越俎代庖？

2010-12-6 05:45

李开复：父母为孩子作决定，出自爱孩子，但是这样剥夺了孩子作决定的机会，其实是害了孩子。还有，不是说父母的建议不要听。父母的意见，孩子当然应该慎重参考，但是父母不可越俎代庖，为孩子作决定。　　　　　　　　2010-12-6 06:19

李开复：我女儿7岁时有一阵特别不乖，我用Microsoft Publisher做了一份"假报纸"，头条消息是一个被处决的大坏人如何变坏的故事，从童年说起。那个大坏人小时候犯的错和她有许多"巧合"。我让孩子无意中看到这篇文章，然后她的坏习惯就都改好了。　　　　　　　　　　　　　　2010-12-23 08:44

李开复：全世界最好的大学有85%是美国的大学。美国大学成功的理由：1）英明的政策与官员，大幅度提高科研经费，把国家科研交给高校；2）灵活自由的教学方式；3）严格的教师录取、晋升、管理制度；4）在进步中求稳定的思维；5）私立大学奇迹般的

崛起，巨额的捐款，灵活的制度；6）雄才大略的校长。 2010-12-23

李开复：三句大学生想跟父母说但是说不出口的话：1）我们长大了，真的可以照顾自己，就让我们自己碰碰钉子吧。2）你们对我的期望好高，我总是达不到，觉得对不起你们。我希望你们能够接受一个平凡的我。看到我已尽力而为后，可否鼓励鼓励我？3）我不想做一个读书的机器，我想找到自己的兴趣，希望你们能支持。

2010-12-24 11:00

李开复：简历被扣分的六大原因：1）粗心错误（代表这个人不认真）；2）太多没意义的name dropping（名人合照等）；3）过分邀功（例如把团队成果算成自己的）；4）太多形容词，太少数据（自我夸奖没意义，靠数据说话）；5）太常换工作；6）每次提升都是换工作时，而不是在一个公司时（后者更代表能力）。 2010-12-27 17:58

格言警句

李开复：汽车大王亨利·福特的名言："如果我当年去问顾客他们想要什么，他们肯定会告诉我：'一匹更快的马。'" 这告诉我们：顾客的意见虽然重要，但是只问用户的意见是做不出突破性的新产品的。 2010-7-23 23:03

李开复："快乐就是你所想、所说、所做的都是一致的"——甘地（我找到的翻译是"都是和谐的"，为了避免误解，这里改译为"都是一致的"。）

2010-10-4 02:53

李开复：Better is the enemy of Good. —— Voltaire（一个人纵使有很高的目标、期望，也同时应该有务实的态度。否则一味追求完美，往往连好的境界也牺牲掉了。常常用这句话敦促那些完美主义者不要等待完美再推出产品，尤其在可以迅速更新的互联网时代。） 2010-11-5 10:10

李开复：No matter what you past has been, you have a spotless future.（无论你的过去如何，你的未来现在是无瑕的） 2010-11-10 15:36

李开复："很棒的技术可以让艺术家更上一层楼。很棒的艺术家可以让技术更上一层楼。" ——Ed Catmull，Pixar创始人。这句话也可以应用在产品设计上。最好的用户体验设计师、产品经理都应该有一些艺术家的基因。 2010-11-22 11:24

李开复：马克·吐温："当我14岁时，我受不了我的父亲，他愚蠢极了。但是我21岁的时候，我很惊讶他7年变得这么聪明！"依照这个原理，我应该正在变聪明的过程中！

2010-11-27 10:56

李开复：人的一生中两个最大的财富是：我们的才华和我们的时间。才华越来越多，但是时间越来越少，我们的一生可以说是用时间来换取才华。如果一天天过去了，我们的时间少了，而才华没有增加，那就是虚度了时光。

2010-11-28 11:51

李开复："Stay hungry, stay foolish"，这句话是乔布斯的座右铭，来自Whole Earth Catalog。今天和该杂志编辑对话，问他这句话的原意。他的回答："我们必须了解自己的渺小。如果我们不学习，科技发展的速度会让我们五年后被清空。所以，我们必须用初学者谦虚的自觉，饥饿者渴望的求知态度，来拥抱未来的知识。"

2010-12-4 14:19

李开复：Ideal: hopeless to achieve, but necessary to pursue, because the pursuit gives meaning to your life.（理想也许不可能实现，但是必须追求，因为追求的过程让你的人生有意义）

2010-12-6 16:40

李开复：有不少留言说不理解这段话。研究快乐的专家告诉我们：快乐有三种：pleasure（欢乐）、passion（热情）、higher purpose（理想、有意义）。其中欢乐是最短暂的，热情其次，而最长久的是higher purpose。欧普拉这里说的"伟大事物"就是这个higher purpose。

> @李开复：如果要拥有真正的快乐，你必须与比你更伟大的事物一同生活，而且你必须拥护这个事物，因为，生命是一种相互交流。要往前迈进，你就必须退一步，才能看到这个伟大的事物。——欧普拉

2010-12-8 07:04

李开复：当我们看到某股票飙升过分，想卖空股票赌它跌的时候，不要忘了经济学家凯恩斯说过：在市场回归理性之前，你很可能已经破产了。（The market can stay irrational longer than you can stay solvent.）

2010-12-9 21:16

李开复：人生就是一串困难的选择，是一个不断选择的过程。当我们走过人生的路途，身后留下的就是我们选择的结果。

2010-12-10 09:18

李开复：张忠谋先生为他的朋友题字时，写了一句"常想一二"。意思是说，人生不如意处十之八九，要多想余下那一二得意之处。也就是说，我们对于难得的成功要极度珍惜，保持一颗感恩的心和一个乐观的态度。

2010-12-13 15:57

李开复：追逐最感兴趣和最有激情的事情。当你对某件事感兴趣时，你会在走路、吃饭或洗澡时都对它念念不忘，你想做不好都不可能。更进一步，如果你对这事有激情，你就可能为它废寝忘食，连睡觉时想起一个主意，都会跳起来。这时候，你已经不是为了成功而工作，而是为了"享受"而工作了。这时成功就是必然的。 2010-12-15 14:25

李开复："我听到的会忘掉，我看到的会记住，我做过的真正明白。"——我最喜欢的话之一。 2010-12-17 10:40

李开复：只有积极主动的人才能在瞬息万变的竞争环境中赢得成功，只有善于展示自己的人才能在工作中获得真正的机会。（在展示自己时，不可夸张，不可伤害别人）

2010-12-17 13:19

李开复：被动就是弃权，不去解决也是一种解决，不作决定也是一个决定，消极的解决和决定将使你面前的机会丧失殆尽。 2010-12-17 13:24

李开复：三步得到自信：1）不要小看自己，多给自己打气；2）用毅力，勇气，从成功中获得自信；3）用自觉确定自己的目标，用虚心倾听他人的评估。（来自我给中国学生的第三封信） 2010-12-20 10:28

李开复：一流人雇一流人，二流人雇三流人，所以第一个二流人进入你的公司时，就是你的公司走下坡的开始。（前两句话的逻辑是：一流人有足够自信去找其他一流人，而其他人没有足够自信。） 2010-12-20 14:30

李开复："如果我们将学过的东西忘得一干二净时，最后剩下来的东西就是教育的本质了。" 这是心理学家和教育家B. F. Skinner的名言。所谓"剩下来的东西"，其实就是自学的能力，也就是举一反三或无师自通的能力。 2010-12-21 09:14

李开复：学习的四种境界：1）熟能生巧：经过练习掌握课本上的内容，知道问题的答案。2）举一反三：具备了思考的能力，掌握了学习的方法，能够知其然，也知其所以然。3）无师自通：掌握了自学、自修的方法，无师亦可以主动学习。4）融会贯通：可以将学到的知识灵活运用于生活和工作实践，懂做事与做人的道理。2010-12-21 09:34

李开复：一个年轻人问一个得道的老者："智慧哪里来？"智者说："精确的判断力。"年轻人又问："精确的判断力哪里来？"智者说："经验。"年轻人再问："经验哪里来？"智者说："错误的判断。" 2010-12-23 09:59

李开复：在实际工作中，挑战常常和机遇一同出现。如果不敢迎接挑战，就会让机遇从身边溜走。 2010-12-24 15:04

李开复：当知道机遇来临的时候，要积极把握；当尚未看到机遇的时候，要时刻准备。

2010-12-24 16:19

李开复：The question is not what you look at, but what you see.——Henry David Thoreau 重点不是你看什么，而是你看出了什么。（能从一般的事物，看出新的想法的人是最有创意的人。比如说：牛顿从掉下来的苹果看出了万有引力，马可尼从无线电看出了收音机。） 2010-12-25 16:29

李开复：你失败过很多次，虽然你可能不记得。你第一次尝试走路，你摔倒了。你第一次张嘴说话，你说错了。你第一次游泳，你快淹死了。你第一次投篮，你没有投进。不要担心失败，需要担心的是如果你畏惧失败，你将丧失机会。

2010-12-26 15:33

李开复：A goal is not always meant to be reached, it often serves simply as something to aim at. ——Bruce Lee（目标不一定是需要达到的，目标往往只是用来帮助你瞄准方向的。——李小龙）

2010-12-26 16:20

李开复：A goal is just a dream with a deadline. ——Napoleon Hill（目标就是有限期的梦想。） 2010-12-27 10:48

李开复：Be yourself and not what others expect you to be. Say what you mean and be who you are.　　2010-12-27 21:10

李开复：不要让任何人告诉你：你的梦想不实际。梦想的目的不是为了实际，而是为了给你的人生带来意义和快乐。　　2010-12-28 09:38

李开复：当你出生时，你哭着来到这世界，世界笑着欢迎你。人生的目的就是：当你去世时，你笑着离开这世界，世界哭着送别你。（中东谚语）　　2010-12-28 10:24

人物推介

李开复：昨晚认识了李敦白先生，非常传奇的一个人物，是中共唯一一个美籍党员，两次入狱，在狱中十多年，依然热爱中国，现在热衷农村公益事业。他讲了很多他的故事，有些可以在网上找到：http://sinaurl.cn/ht4Oy　　2009-9-13 07:17

李开复：驻华大使洪博培说他虽然中文流利，但是多年不写不读，可能只能写500个字了，虽然还认识几千个字。我跟他说，如果用谷歌拼音，不会写的字，只要能认出来，就可以写作了，我的孩子就是这么写中文的。他要我下星期教他如何使用。　　2009-9-19 10:13

李开复：最近和微软有抄袭争执的plurk创始人Alvin Woon（云惟彬）几个月前和我的对话：http://sinaurl.cn/h6U5J当时觉得他是个很有活力的典型创业者。那时，我在台湾说没有听过Plurk和Alvin，记者都不能相信。在台湾，Plurk=微博。　　2009-12-19 06:08

李开复：纽约市长彭博是少数在政治和经济上都有极大成就和权力的人。今天见了彭博公司的总裁Dan Doctoroff，才知道他是前任纽约副市长，做了6年副市长，每年拿一美元，退下来后，就被老板从政界送到商界去了。可能只有在美国，市民才会放心这样的安排。　　2010-5-5 08:46

李开复：苹果的"第三个创始人"，Ron Wayne，因为惧怕风险，提早卖掉苹果的股票。他从苹果赚了2 300美金。但是如果等到今天，其价值为23亿美金，差了100万倍。他的故事：http://sinaurl.cn/7PrAf　　2010-6-9 06:09

李开复：文胜短短两个月，每天勤于写围脖，累积粉丝20万。他的专注、执著，值得我们学习。

@蔡文胜：今天是我写微博满两个月，微博已在改变我们。我想把我自己生活碎片记录下来，同时和朋友们分享。我的微博基本是我每天碰到事物，还会穿插以前经历回忆。在这个娱乐至死的年代，我更愿意追求生活至美的理想。不管你每天面对是什么样生活，都应该坦然处之。生活并没有好坏之分，只是你心态的好坏对待。　　2010-6-16 13:49

李开复：Marc Andressen的座右铭："Often wrong, never in doubt."（经常犯错，但是从不怀疑自己。）Marc曾经创立Netscape、Opsware、Ning，现在他的超级天使基金是硅谷最火的早期基金，最近从eBay收购了 Skype。

2010-11-1 10:39

李开复："大部分的人自称愿意冒风险，但是如果你把机会放到他鼻子前，他会觉得有趣，会玩弄、斟酌、考虑，但是最后会说：'我算了。'然后走开。"Marc Andressen（网景创始人），谈到当初从Mosaic发明者里面，Jim Clark找了很久，只有他愿意冒险。（下图是他是多年前创立网景时拍的）

2010-11-1 14:03

李开复：（在互联网界十大著名创新者中，我认识七位）我认识的：1）Vint Cerf——同周入职的谷歌同办公室同事（在加州）。只有一个非计算机科学家才能发明这么不可预测的TCP/IP协议。他后来成为最受尊敬的布道师科技大使，对他所服务的公司和产业贡献甚多。他是个童心未泯的老科学家，总是穿正装，但是戴着新潮的帽子（例如有螺旋桨的）。

2010-11-15 12:23

李开复：我认识的：2）Scott Fahlman——我读研究生时的老师。根据他的年资，他在CMU不能算是一个最顶尖的教授，一直做着LISP和传统AI。他的symbolic背景让他一直没有进入后来基于统计和机器学习的主流，但是他是个可爱风趣的教授，学生都喜欢跟他瞎聊。一点也不意外他成为笑脸符的发明者。

2010-11-15 12:25

李开复：我认识的：3）Marc Andreessen——我在SGI时和他合作过，最近也因为在天使领域有些接触。大家都在谈乔布斯的复出，其实Marc 成功复出两次。在网景之后，他又做了Opsware，16亿卖给HP。现在他的天使基金Andreessen & Horowitz是硅谷最红火的基金之一。Marc真的愿意做教练，是扎克伯格最信任的董事。

2010-11-15 12:30

李开复：我认识的：4）Larry & Sergey——真诚地用美好但天真的价值观做事，不愿意长大的"小飞侠"；5）盖茨——历史上唯一一个顶尖创业者、技术专家、商业奇才、慈善家的人；6）杨致远——特别谦和的真君子；7）乔布斯——从失败病痛中得到觉悟，奇迹式地把破产边缘的公司打造成最有价值的科技公司。

2010-11-15 12:36

独家新闻

李开复：和新驻华大使吃饭，发现他居然最爱吃辣子鸡丁。他说想看看花椒是长在什么样的树上，能有这么神奇的味道。　　　　　　　　　　　　　2009-9-18 22:46

李开复：问新驻华大使哪道菜最好吃，他说很难回答，就像问我我和我太太约会哪一次最温馨一样难回答。　　　　　　　　　　　　　　　　　　　2009-9-19 07:58

李开复：今天和马英九聊天，他还是难忘"李妈妈牛肉面"。上次有朋友见到他，30分钟的会议，10分钟在谈"李妈妈牛肉面"。（李妈妈就是我的妈妈，李妈妈牛肉面是我家的独门秘方，上次在微博公布过的食谱）　　　　　　　　　　2009-11-5 21:58

李开复：三位美国媒体专家对中国的一个字评语："Changing"。对于美国媒体对中国的报道（奥运、奥巴马访华等），他们认为总体不够平衡，负面过多，但是都坚持他们的媒体是相对公正的。毕竟这三家是顶尖的媒体。明天将带他们去见智库、中国顶尖媒体、互联网创业者、高中生。　　　　　　　　　　　　　2009-12-7 22:11

李开复：我让三位美国媒体专家看新浪微博上我发出的"问美国媒体"的微博，和网友发给他们的问题，一小时就有两百多条。他们都对问题的质量感到惊喜，并认为互联网对中国有很多正面影响。　　　　　　　　　　　　　　　　　　2009-12-7 22:13

李开复：带三位美国资深媒体人到北京101中学，他们最深刻的几句话（中学生说的）：1）我长大要做一个有很多钱的商人；2）我的嗜好是用英文自言自语，既有趣又有益；3）我们大部分人都希望到美国读大学；4）我希望除了XBOX-360之外，能多和美国的中学生沟通；5）我的人生梦想是死后依然有人爱我。　　2009-12-12 09:38

李开复：在阿布扎比分别见到默多克和施密特，但是他们似乎有默契，不同时出现在一个场合，可能最近彼此官司问题闹得比较大。和一位媒体界的资深人谈到这个现象，他说前一阵在一个大会上，佩奇和布林一进入房间，盖茨就马上站起来离开。

　　　　　　　　　　　　　　　　　　　　　　　　　　2010-3-12 05:50

李开复：王力宏和郭守正先生今天请创新工场去观看《恋爱通告》首映，整个影院都给创新工场用。大家都看得很high，尤其是因为我们公司也有一个"阿德"，而且我们的"阿德"也有很特殊的发型。感谢山水国际娱乐的朋友们的热情招待！（这是送我们的亲笔签名册子，和在片中签的一样，一颗心和一个笑脸。）

　　　　　　　　　　　　　　　　　　　　　　　　　　2010-8-12 21:21

读书、看电影、玩游戏感想

李开复：我妈妈92岁，看到iPad也爱不释手。过去30年，我用电脑，她从来没有碰过。看来iPad真的很有魔力。（图片中她正在玩Fruit Ninja）

2010-10-3 08:50

李开复：最近看了Facebook Effect一书，一些惊人数字：1）创业四个月后就有人出价1 000万美元收购；2）Peter Thiel的50万美元天使投资买得10%的股份，今天价值约25亿美元（5 000倍的回报）；3）Facebook推出开放平台，在2009年开发者就得到5亿美元的收入，和Facebook收入相等。

2010-11-16 09:57

李开复：刚看完英文版Delivering Happiness，我也推荐（尤其是前三分之二，非常精彩，特别喜欢他在创Link Exchange碰到的困境、犯的错误、学到的教训；后三分之一太像广告了）。

> @焕德：人们只要能够在形体上协调一致，把自己置身于一个更大的集体中（因此会暂时失去自我），就会感受到更大的幸福。——《三双鞋》，谢家华。推荐这本书，不仅是Zappos首席执行官的一本自传，一段创业经历，一部公司文化指导，还让你明白自己为何不快乐。

2010-11-16 20:08

李开复：看了《社交网络》，票房卖座可能因为：1）虽然内容比较极客，但是Facebook用户都看了一遍；2）编剧和男主角绝妙地诠释了"硅谷极客天才"——脑子思维比嘴快，任何人都跟不上他，无论你说什么，他只说自己想说的；但当你认为他没有在听的时候，他会来一句让你无法反驳的讽刺。我认识不少这样的人。 2010-11-21 11:49

李开复：因为每个人心中都有一只勇敢的小鸟，还有每个人人生中也会碰到一些该死又拿它没办法的猪。

@王舟：今天《纽约时报》有篇文章专门讲"Angry Birds"这款游戏，这也是我这辈子唯一玩通关的游戏。这款由芬兰一家小公司仅花10万美元开发的游戏已经产生了800万美元的下载收入，每天全球用户会在上面花两亿分钟，成为了一个文化符号，催生出服装、蛋糕等一系列衍生产品，甚至有粉丝为它庆祝生日。

2010-12-12 11:12

李开复：植物大战僵尸玩后几个感想：1）好玩的游戏可以是不分中西、男女老少咸宜的；2）还是美国人制作的游戏最有幽默感、创意；3）iPad上玩游戏可以用多手指触摸，比鼠标更便捷、直接；4）商业模式还是美国式的一次性付费，这方面要多跟中国学习。 2010-7-26 07:44

家庭琐记

李开复：刚到纽约，送女儿读大学。飞过来的班机又贵又挤，大概都是暑期结束回美国的吧。到了美国，堵车两小时去帮女儿大采购，星期一搬进宿舍肯定是家当最多的……

2009-8-28 16:16

李开复：其实没有那么闲情逸致，整天在纽约吃喝玩乐也是有意义的。我太太不放心我女儿一个人在纽约，要我介绍所有我住在纽约的朋友给她，所以就一天两餐的介绍下去，吃下去……现在已经有四个朋友请女儿感恩节去他们家（这是美国的重要家庭聚会），看来女儿不会太孤单了。 2009-8-30 15:19

李开复：为了维护我的"铁人"外号（见：http://sinaurl.cn/htva6 ），我要多发点微博，证明我不睡觉。说真的，这位给我起 "铁人"外号是在2006年，当时我刚加入谷歌，工作兴奋，常常不睡觉，一天工作20小时。后来跟他说我年纪大了不行了。但是，

现在又可以了。看来不是年纪，是激情。 2009-9-7 04:01

李开复：女儿读的大学是我的母校，哥伦比亚大学。两星期前送她去学校，居然住的和我是同一栋宿舍，房间里的家具，每层楼的lounge，都和30年前我入学一样，真的感慨万千。 2009-9-12 08:10

李开复：女儿选的宿舍是：有几层是男的，有几层是女的，所以整栋楼是co-ed，但是周围的都是同性。还有些宿舍甚至有男女混合套房（单人卧室，但公用洗手间等）。我女儿还是比较保守的。至于我读书的时候……那时候哥伦比亚是男校，不收女生（感觉好像我是古时候的人）。 2009-9-12 08:17

李开复：有位网友问我父母为什么给我起名"开复"？原因是我父亲的愿望："开始复兴中华民族"。（另外，我是"开"字辈） 2009-10-12 09:09

李开复：今天带女儿去了最具盛名的纽约四川馆子，因为她想吃家乡菜了。但是，水煮鱼是冰冻鱼做的，担担面是花生酱做的，红油抄手都是肥肉。看来，在美国是没希望吃到好的川菜了。但是，女儿吃得津津有味，说比学校食堂好吃多了。

2009-10-8 08:08

李开复：到了台北就参加两个合作伙伴会议，非常成功。9:20才回到妈妈家里。妈妈家里可能是台北少数没有上网PC的家庭，但是还好邻居有无线，并且没有密码……

2009-11-3 05:49

李开复：今晚在东方企业家论坛上，发现我的父亲和潘石屹的爷爷是黄埔六期的同学，而我正和石屹坐在一起。感谢记者李志刚发现此事。 2009-11-26 20:15

李开复：纪念我父亲的两篇文章：http://sinaurl.cn/hxKhb http://sinaurl.cn/hVHqh//@潘石屹:感谢《东方企业家》发现我和李开复这种关系。我爷爷名字叫潘尔燊，字乐伯。也许有许多黄埔六期的后代们就在微博上。让我们一起怀念我们的先辈。

2009-11-27 08:02

李开复：《评周恩来》是我的父亲李天民的遗著。这本书的评论："研究第一代中共领导人物的中外学者专家不少，李天民教授是其中的佼佼者。周恩来对中共军事的贡献，李天民二十多年前就具体指出周恩来是中共红军的创建者。把这一史实揭明于世界者还得归功于李氏。" 2010-1-8 19:46

李开复：转发微博。

@王利芬：开复女儿为他办公室写的。

李开复：这是我小女儿的一篇在国际学校的中文演讲。她今年13岁，学了4年中文。虽然她的中文还有待进步，但是我觉得写得很可爱http://sinaurl.cn/hYoNM

亲爱的老师，同学们：

大家好！我的名字是李德亭。今天我要演讲的题目是《我的姐姐》。

我给大家介绍我的姐姐是因为她对我很好。比如：她会带我出去逛街，教我怎么画画，怎么写好作文，还会给我买东西等。我很爱她。

姐姐叫李德宁，跟我的名字只差一个字，比我大五岁。她有一头咖啡色的披肩长发，眼睛大大的，像洋娃娃，很可爱。她的性格内向，很乖，特别听爸爸妈妈的话，跟我完全相反。

她对自己的要求很高，一定要拿到最高的成绩或者分数。她要是得到B，就会很烦恼，下定决心，下一次一定要拿到A或A+。去年，她在国际学校毕业，考上了哥伦比亚大学。

像很多姐妹一样，我们也会打架。例如：当姐姐在MSN上和朋友聊天时，我会蹑手蹑脚走到她后面，偷偷地看他们在讲什么，甚至用望远镜偷看。姐姐假装我不在后面，其实，她已经在电脑屏幕上看到了我，她会突然伸出手去抓我。我一跑，她就追，吓得我躲到厕所里，不敢出来。

去年姐姐上大学时，我并没有哭，因为我们以前没有长时间分开过，我不知道想念的滋味是什么。可是两个月后，我在家里会感到孤独。我常常对妈妈说我宁愿让姐姐打我，骂我，也不愿意让姐姐走。

我有这样的好姐姐，让我感到骄傲，感到幸福。我爱我的姐姐。

谢谢大家！

李开复：这是我女儿做给我的父亲节礼物。

2010-6-20 18:35

美食

李开复：晚上在纽约Basso 55吃的意大利餐。烤小牛腿配意大利饭（risotto）很不错，说是慢火炖了5个小时，还给一个小勺挖骨髓吃。开胃菜的螃蟹饼很好吃，很大的一个炸的饼，里面几乎全部是螃蟹肉，比美国餐馆好吃多了。 2009-8-30 14:50

李开复：早上经过Dunkin' Donuts，女儿们的甜瘾又犯了，吃了甜甜圈大餐。甜甜圈有各种口味，但是最好吃的还是最经典的glazed（里面松软，外面一层亮亮薄薄的糖浆）。老式的甜甜圈（里面实在，像蛋糕一般）也很好。除了甜甜圈，还有甜甜"洞"，就是做的时候大洞掉出来的那块面饼也拿去炸，然后一杯一杯卖。 2009-8-30 14:54

李开复：美国的甜甜圈最好吃的是Krispy Kreme，不过有些州不容易找到。他们当时在美国上市曾经达到30亿美元的市值（现在不行了，只有2亿）！美国的Mister Donut, Dunkin' Donut也都不错，但是Krispy Kreme最特殊的地方是他们的面团加了酵母，所以特别松软，尤其是热的时候，几乎入口即化。 2009-8-30 15:00

李开复：但是最适合中国人的甜甜圈可能是日本改良的Mister Donut。他们的甜甜圈里面有一层薄薄的糯米，嚼起来有点像是日本的Mochi，但是甜甜圈的外皮依然松软。另外，就是没有美国的那么甜。我在台湾吃过，刚开的时候要排队半小时。

2009-8-30 15:10

李开复：来纽约必须要吃的食物：1）路边的热狗或香肠，一定要加炒过的甜洋葱；2）希腊的Gyro三明治，烤牛羊肉，加特殊白酱汁，夹在大饼里；3）超薄的比萨，有浓浓的芝士香味；4）意大利腌肉三明治（pastrami，薄薄的红牛肉）；5）意大利的小芝士蛋糕（最好是ricotta cheese），软软厚厚的，绵绵不腻。 2009-10-7 10:03

李开复：马英九爱吃的李妈妈牛肉面食谱：黄牛肉四条牛筋（每条切六块），四条金钱腱（每条切七块）。牛肉用热水烫过，再和辣椒酱、花椒、油和八角一起拌炒，加卤汁，炒熟后加水（牛肉：水约1∶3）。水要一次加足，不能熬到一半再补加。烧开后，加进切成小段的3～4根葱、姜片和10颗蒜，以小火炖3～4小时。 2009-10-8 08:14

李开复：有些朋友问我："为什么没事做发食谱。"这是因为前一阵郭台铭听说谷歌食堂有李妈妈牛肉面，希望我提供食谱给他在深圳、杭州等地的厨师长。我现在在纽约酒店突然想到还欠郭先生食谱。发给他以后觉得不和世界分享也太可惜了，就发在这里了。保证美味，希望大家试试！ 2009-10-8 08:26

李开复：长岛冰茶，我最喜欢的鸡尾酒，20世纪20年代美国禁酒令期间，酒保将烈酒与可乐混成一杯看似茶的饮品，来钻法令漏洞。辛辣金酒15毫升，朗姆酒15毫升，伏特加15毫升，龙舌兰酒15毫升，橘橙酒5毫升，柠檬汁30毫升，砂糖2茶勺，可乐补足剩余，柠檬片1片。 2009-10-8 08:48

李开复：在机场吃了汉堡王的汉堡，很久没吃都忘记了它的味道，比麦当劳好吃多了。是在Grill上高温烤的，而不是用平底锅煎的，所以外面有一条条烙印，也能把牛肉香味保留，而且少油。建议大家去机场可以到那里尝尝有牛肉香味的汉堡。 2009-12-25 12:26

李开复：台湾街上的一种美食是煮花生和煮菱角。不知道是什么秘诀，花生黏黏绵绵的，而且非常入味，淡淡的五香浸入整粒花生。菱角则是一股清香，用工具已经夹开中间一块，用手很容易就可以剥开。下图是菱角（大家都认识花生了！）。

t.sina.com.cn/kaifulee

2009-12-27 08:40

李开复：在瑞士吃到的好吃的：1）炸猪排，里面有融化的芝士；2）牛肉香肠，配着洋葱汤汁；3）炸土豆，是切成条状，在圆锅里面，用奶油炸成一个圆饼，外面香酥，里面松软；4）瑞士芝士，配着酸黄瓜和红酒。 2010-3-14 17:05

李开复：台北永康街ice monster的雪花冰，是全世界最好吃的刨冰。雪花刨冰用的冰是牛奶冷冻出来的。ice monster最有名的是新鲜芒果做的芒果雪花冰，听说还是两种不同的芒果配制出来的。

2010-4-4 12:56

李开复：台湾美食：银翼餐馆：川扬菜，就是抗战胜利后，从四川回到上海的人士所创。名菜包括：1）虾爆鳝——虾仁脆爽，鳝鱼滑嫩，没有腥味；2）雪菜煨面——汤头浓郁，面条软而不烂；3）入口即化的蹄膀；4）干丝炒肉丝；5）辣椒牛肉干拌面。这家餐馆已经不如昔日，但是许多老人对它情有独钟。

2010-10-3 21:39

李开复：台湾美食——刈包是用发的松软的面饼，中间割好一个口子，放入：1）切成片的卤五花肉（顾客可以选择全肥肉和皮、半肥半瘦或全瘦肉）；2）用冰糖炒过的酸菜；3）新鲜花生粒。面饼入口松软甜香，可以清晰地咀嚼到五花肉的香滑，酸菜的酸甜可口，还有酥脆的花生粒。

2010-10-3 21:46

李开复：台湾美食：Mister Donut的甜甜圈都很好吃。这个图上可以看到一种三层的甜甜圈！这个口味是红豆抹茶波堤，采用爱知县西尾抹茶和万丹红豆制成。抹茶味非常香浓。抹茶波堤加入红豆馅儿，脆脆的外壳，QQ的抹茶波堤，加上红豆的沙沙感，非常美味，远远超过发明甜甜圈的美国。

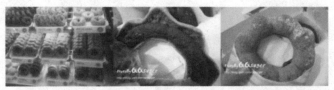

2010-10-4 16:17

李开复：台湾美食——蚵仔煎（左），源于厦门的蛤蜊煎（右）。两者都是蛤蜊煎蛋，但是蚵仔煎受日本菜的影响，更为美味。蚵仔煎淋的汁是甜辣酱加上味噌，放比较多的小白菜（类似大阪煎饼）。最好吃的蚵仔煎应该加上地瓜粉和太白粉调出的面糊（典故是以前郑成功战时缺米），面糊煎得脆脆的，搭配嫩软的蛤蜊。

2010-10-4 20:12

李开复：台湾美食——台湾最好吃的凤梨酥是"王师父"的。蛋黄凤梨酥有着香酥的外皮，加上黏黏的凤梨，里面还有油油咸咸的蛋黄，甜中带咸，酥中带粘，特别好吃。只是带着蛋黄的甜点不能放很久，所以回北京几乎都无法带给朋友。

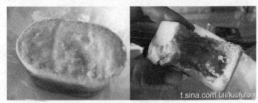

2010-10-5 17:07

李开复：台湾美食——"上海乡村"的烤方海参。烤方就是东坡肉，非常厚实的五花肉，垫在鸡骨上用微火炖入味，料理费时费工。最难得的是瘦肉也完全入味，不像有些东坡肉瘦肉里面都是白色的。因为炖得够久，软嫩的肉油而不腻。虽然海参也比较入味，但是这道菜一定要先吃海参，否则吃了肉，海参就没有味道了。

2010-10-6 12:23

李开复：台湾美食——"上海乡村"的"烟熏龙鳕"（左）和"烟熏大鲳"（右）。两者做法一致，都是烟熏的鱼。但是难得的地方是：1）虽然熏得非常入味，但是鱼肉依然新鲜细致；2）外面熏得香脆，但是里面和蒸鱼一般软嫩。两种鱼中台湾人更喜欢大鲳，因为比较名贵，但是我更喜欢龙鳕，因为肉更厚，里面更嫩。

2010-10-6 12:25

李开复：台湾美食——这是我家的名菜红油水饺。饺子皮是特别小的，大约是普通饺子的2/3，这样肉大小适当，和皮同时熟。馅儿是上好的里脊肉馅，加水拌才会很嫩。红油佐料也是有"私家配方"的，用自制的辣椒油，用花生油烧热后，关火然后加上新鲜的大蒜、辣椒、花椒等佐料。

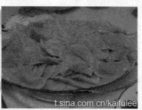

t.sina.com.cn/kaifulee

2010-10-7 17:20

旅行见闻

李开复：又因为时差睡醒了，报告一下纽约之旅的感想：我们住在New Jersey，发现好多零售店关闭了，房子待租，看来离真正经济复苏还有一段时间。有些餐馆和店面，根据Google Maps找到了，开车去才发现已经关了。在美国30年从未见过，在中国可能更难想象。

2009-8-29 17:01

李开复：在纽约的最后一天，终于把所有女儿上学的事情办完了。发现学校好多国际学生，她的室友是印度人，隔壁是中国人。看来提早到美国留学已经成为世界的一个现象了。

2009-9-1 22:55

李开复：在重庆，晚上很惊讶看到广场中放着20世纪80年代的歌曲，数百男女起舞。

2009-9-27 06:01

李开复：在美国这几天，无论是见投资者，演讲，参加会议或带女儿去中国城吃饭，每天开车平均3小时，交通堵塞，道路落后，浪费时间。真的很怀念北京的交通，从不会一天这么多时间浪费在路上，而且在路上的时间我也可以用电脑、打电话。很难相信我会说这句话！

2009-10-4 09:42

李开复：在美国西部创业真惨，一半的VC在旧金山，一半在硅谷，一天安排三个会，南北开三趟，一天就没了。旧金山停车一小时15元，酒店停车25元。一天停车就可以花掉近100美元。

2009-10-4 09:47

李开复：住在美国东部更惨。今天我入住酒店，去一趟Costco，接女儿去Flushing吃顿晚饭，一天就没了。每一段路都是一个小时左右，而且每段路都要收三次路费，无论是过桥、过隧道，上新公路都要钱，一天付了十多次钱。要钱也罢，排队又浪费极多时间。还是北京交通好！

2009-10-4 09:51

李开复：前几天在上海和大连签书。发现上海最多的要求题字是："生日快乐"（送人送己都有），而大连最多的要求是"坚持！奋斗！"，相信这些和两个城市的文化风格有关。

2010-10-14 10:43

李开复：第一次入住快捷酒店，感觉不错。其实出差就6～8个小时在酒店，干净就好。入住时说是最后一间房间，看来他们生意比五星酒店好多了。 2009-10-16 05:33

李开复：刚到阿布扎比，参加国际媒体大会。阿布扎比是个非常新的城市，听说在城里种了100万棵树，一点看不出曾经是沙漠。天气也很凉爽，20度左右。酒店窗外就是赛车场（见图）。

2010-3-7 12:55

李开复：在一家阿布扎比的克什米尔店买了二条"未染色"的围巾（见图），分别是黑色、白色、米色，来自于羊的不同部位，米色的来自羊下巴（胡子？）。另外看到一条5 micron的羊毛做的素色围巾（人的头发是90micron，一般最好的羊绒是15micron），从来没摸过这么软的毛，要价35000人民币！（当然没有买！）

2010-3-7 21:05

李开复：在阿布扎比上网，碰到被封锁的网站，这是截图。

2010-3-7 21:19

李开复：在纽约地铁里，发现iPhone文化已经征服了这个城市。左边一位犹太牧师在玩iPhone crossword puzzle，右边一个黑人在玩打斗的游戏，对面一个中年女性在玩类似tap tap的音乐游戏。

2010-5-2 10:29

李开复：斯德哥尔摩市被称为"北方的威尼斯"果然无论去哪儿，都能看到水。另外，发现瑞典人爱喝咖啡，爱吃软糖。

2010-5-8 10:43

李开复：昨天在东京住的快捷酒店，有一个超级袖珍厕所，我量只有2.5平米，但是麻雀虽小，五脏俱全。下面你可以看到澡缸有多小！

2010-5-27 20:17

李开复：这是日本酒店澡缸特写：跟脸盆一样宽。（澡缸后部会宽一点，但是应该坐不下去，或者坐下去就站不起来了。）

2010-5-27 21:12

李开复：到台湾著名的诚品书店买了二十多本书。店员跟我说最近大陆客人特别多，而且还可以打九折。

2010-10-4 15:41

小知识、小常识

李开复：知道世界上语音业务有最多用户的是哪个公司吗？不是中国移动，是Skype。
http://sinaurl.cn/hJa1K   2009-12-4 11:02

李开复：昨天和何大一吃饭，他说在纽约市70个人里面就有一个有艾滋病，在曼哈顿的40～49岁的男黑人里面，五个里面就有一个有艾滋病。这样的比例比非洲还要高。
                                                            2010-5-5 10:02

李开复：上次去一个美国最火的小高科技咨询机构的时候，他们的负责人跟我说他们也有申请人太多的问题。他们挑选人的机制是：先面试私人邮箱是GMail的申请者，因为当时GMail的功能比其他的好太多了，大多数的聪明人都应该用GMail。反之，如果用AOL的邮箱的，直接发拒信。   2010-10-27 21:25

李开复：默多克在阿布扎比媒体大会上作主题发言，流利的演讲进行到一半，他突然说："我没有稿子了。"大家等了一分钟后才继续。这时，我才发现他前面左右方各有一片玻璃是他的提词机。从观众的角度，只看到两片玻璃。从他的角度可以看到演讲稿。仔细看照片的左边，你可以看到一个提词机。

                                                            2010-3-10 09:13

李开复：花3万美元让名人做你的粉丝——美国Twitter公益拍卖几十位名人。获胜者可以得到：1）名人做他的粉丝；2）名人转发他的帖子；3）名人回复他的帖子。拍卖价最高的名人是Eva Longoria，$32240。http://sinaurl.cn/h9O4nt

                                                            2010-10-2 09:00

李开复：2003年，苹果不再使用IE，推出自己的Safari。微软出售苹果股票，1.5亿得到大约一倍的回报，但是错过了后来的50倍成长。

@李开复：1997年，当苹果连续7个季度赔了23亿美金，分析师都认为即将倒闭时，微软拯救了苹果，投资1亿5 000万（苹果的5%，今天价值140亿），并保证继续做Mac Office。条件是：（1）苹果使用IE，（2）苹果支持微软版Java，（3）苹果对微软专利案件撤诉。微软救了苹果，但制造巨大竞争对手，甚至被苹果超过市值。

2010-10-31 15:53

李开复：斯坦福大学有一个课程是让同学组队用两个小时去赚最多的钱，然后回来用五分钟报告他的"白手起家"体验。有些去帮人洗车、餐馆排位子、搬东西等赚了小钱。最后得到最多钱的学生把他的五分钟报告时间卖给了一个猎头公司，让猎头用这五分钟来课堂上作针对性招聘。

2010-11-2 09:36

李开复：苹果是个很喜欢诉讼的公司。它告过微软、Intel、柯达、Woolworth、纽约市、惠普、emachines、HTC。其中最特殊的是两年前，苹果告纽约市侵犯苹果的徽标（在苹果成立前，纽约就称为Big Apple）。最后，纽约市修改徽标，把那片叶子去掉，才化解诉讼。苹果如此地"维权"，看来苹果诉讼谷歌是迟早的事情。

2010-11-8 11:37

趣事、笑话

李开复：我在大陆演讲，经常会被定位为台湾口音。我在中国台湾演讲，有时会被认为是大陆人。只有英文演讲，才一致地被认为是美国长大。

2009-9-20 17:17

李开复：大家对我的方言能力也很有兴趣。在台湾，我可以讲四川话，让台湾同胞认为我来自四川。在四川，我也可以讲台湾话，让四川同胞确信我来自台湾。只要不在四川讲四川话，不在台湾讲台湾话，就不会露馅儿了！

2009-9-20 18:13

李开复：飞机在纽约停下，我打开中国手机，连续来了40多个（中秋）短信，叮叮当当的，周围的美国人都不知道我的手机怎么了。

2009-10-4 00:55

李开复：云计算的新解释：保证人人能懂。

SIMPLY EXPLAINED – PART 17:
CLOUD COMPUTING

2009-11-22 21:15

李开复：一位印度朋友从中国回去后，寄给我的照片，他问我："你们中国人为什么要把我们印度人冲掉？"（见图片的英语翻译）

2010-2 2 21:41

李开复：今天在杭州签售，有一位可爱的小妹妹，拿着一只玩具狗要送我，但是看到前面有人带着海报、T恤来签，临时改变主意也要我"签狗"。我欣然答应，然后告诉她："很高兴成为你的宠物。"

2010-5-15 15:32

李开复：一位同学来创新工场面试后发的帖子："跟同学吃饭的过程中，李开复从边上路过。我真是难得看到他本人，不由自主地就盯着他看。李开复发现后说：'不要这样看我，我是真的。'边上吃饭的员工就笑，我当时就囧了，同学说你再敢丢人我就把你扔下去。"

2010-10-21 15:01

李开复：沙特阿拉伯尺度比较严格，所以美国许多产品进入都要做PS处理。PS专家到沙特阿拉伯一定可以得到高薪。

2010-11-13 14:36

李开复：大家叫我老师，不叫我老板，现在知道为什么了。

> @艺术工作者梁克刚：【转】世界上两件事最难：一是把自己的思想装进别人的脑袋；二是把别人的钱装进自己的口袋。前者成功了叫老师，后者成功了叫老板；两者都成功了叫寺庙。

2010-12-13 08:38

李开复：为什么驾驶舱谢绝参观拍照（见图）。

2010-12-19 11:09

李开复：男人吵架赢女人的概率。

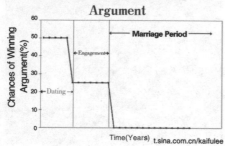

2010-12-20 20:31

李开复：我认为夫妻应该完全平等。夫妻意见一样时听丈夫的，夫妻意见不同时听太太的。

2010-12-20 20:36

李开复：谁说iPad不方便打印。这就是解决方案。

2010-12-25 15:27

MICRO-BLOG :

Changing the World | 微博：改变一切

附录二 APPENDIX TWO

新浪、腾讯推荐名博

新浪微博推荐

姚晨

自我介绍：一颗很逊的卤蛋。

受欢迎理由：幽默率真，热衷公益事业，具有非凡的亲和力。昔日的二线明星，借微博之力成为人气女王。

蔡康永

受欢迎理由：电视里的搞笑明星，微博上的思想者。"给残酷社会的善意短信"展示了他冷静与智慧的另一面。

任志强

受欢迎理由：平日言语锐利、不留情面的地产商，成功通过微博改善公众形象。他与潘石屹的互相调侃所表现出的真情与率性，成为微博一道亮丽的风景。

潘石屹

受欢迎理由：与张欣组成知名夫妻档微博，同时也是微博里的社交达人，曾用微博直播自己举办的名流晚宴，惹人眼球。

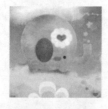

王菲（veggieg）

受欢迎理由：坚持不认证的天后，微博知名草根，更是贫嘴的微博控，曾在演唱会现场发微博问候粉丝。

郭德纲

受欢迎理由：为"纲丝"而来，像说相声一样发微博。

方舟子

自我介绍：握紧我的手 / 让我的图腾烙在你的手上 / 请传递这一把火直到 / 百年之后　我所有绝望的嘶叫凝固

受欢迎理由：永远具有怀疑精神的打假斗士，所牵动的"唐骏学历门"风波，引发社会对诚信问题的重新思考。

郑渊洁

自我介绍：2011年2月10日是皮皮鲁和鲁西西30岁生日。

受欢迎理由：既保有童真，又心系天下的童话大王，与粉丝打成一片。

新周刊

自我介绍：《新周刊》，中国最新锐的时事生活周刊：观点供应商，视觉开发商，资讯整合商，传媒运营商。

受欢迎理由：微博粉丝最多的媒体，使网友从一本杂志感受一个时代的体温。

螺蛳粉先生

受欢迎理由：通过微博做广告、订餐、交流，成为小企业微博营销的成功范例。

腾讯微博推荐

刘翔

受欢迎理由：刘翔粉丝数世界第一，受欢迎理由如下：一、从事的竞技领域成为"民族英雄"；二、微博上的表现不端不装，形象阳光；三、与粉丝互动活跃，很多时候有问必答。

郭敬明

受欢迎理由：一、占领90后心灵天空的知名作家；二、与韩寒不同，几乎不专注公共生活，微博内容轻松好玩；三、就商业推广而言（主要是推自己的新书和杂志），极好地利用了自己的名气和微博这个平台。

段暄

受欢迎理由：作为央视体育频道年轻一代的足球评论员，知名度较高。在微博上的崛起，得益于2010年世界杯解说以及腾讯微博力推。微博内容除了足球评论和赛场内外花絮外，轻松好玩且很生活化，与主持人、体育媒体人同行和普通网友互动活跃。

韩乔生

受欢迎理由：作为央视体育频道知名主持人，缺点鲜明到有特点，被网友调侃后，不发怒，倍加讨人喜欢。在微博上不端着，内容轻松，关注专业以外的社会问题，话题广泛。

朱德庸

受欢迎理由：作为知名度极高的台湾漫画家，机智幽默、充满人生智慧的漫画极受欢迎，漫画配简短文字这种形式也非常适合微博传播。其次，他"不喜欢人"（自承），个性率真，又不失谦和，极受博友欢迎。

张亚勤

受欢迎理由：作为微软亚太研发集团主席，张亚勤是一位知名度极高的技术型职业经理人。微博内容着力探讨创新，技术前沿信息丰富，行业人士受益良多，同时也转发大量有趣好玩的内容。更重要的是，在微博上与各方人士包括普通网友互动活跃。这一点非常难得。